Rudolf Koch

Immobilienwerbung – sicher vor Abmahnungen

10. Auflage

Immobilienwerbung – sicher vor Abmahnungen

Ratgeber im Umgang mit berechtigten und unberechtigten Abmahnungen, Erläuterungen zum Wettbewerbsrecht und Abmahnwesen, Gesetze, Bestimmungen, Verfahren, Rechtsmissbrauch, Mustertexte, Formulierungsbeispiele für Zeitungsanzeigen und Internet

10. Auflage

Grabener Verlag

Bibliografische Information der Deutschen Nationalbibliothek
Die Deutsche Nationalbibliothek verzeichnet diese Publikation in der Deutschen Nationalbibliografie; detaillierte bibliografische Daten sind im Internet über http://dnb.d-nb.de abrufbar.

Grabener – Fachverlag der Immobilienwirtschaft
Niemannsweg 8 I 24105 Kiel
Telefon 0431/5601560 I Fax 0431/5601580
E-Mail: info@grabener-verlag.de
www.grabener-verlag.de

Darstellung und fachlicher Inhalt: Rudolf Koch, Gelsenkirchen, v. i. S. d. P.

Umschlag: Astrid Grabener
Layout I Satz: Petra Matzen I Conny Kersten
Druck: Hansadruck und Verlags-GmbH & Co KG Kiel

1. Auflage	Oktober 1996	Immobilienwerbung und Wettbewerbsrecht
2. Auflage	August 1997	Immobilienwerbung und Wettbewerbsrecht
3. Auflage	Januar 1999	Immobilienwerbung und Wettbewerbsrecht
4. Auflage	November 1999	Immobilienwerbung und Wettbewerbsrecht
5. Auflage	Herbst 2001	Immobilienwerbung und Wettbewerbsrecht
6. Auflage	Januar 2002	Immobilienwerbung und Wettbewerbsrecht
7. Auflage	November 2002	Immobilienwerbung und Wettbewerbsrecht
8. Auflage	November 2004	Immobilienwerbung und Wettbewerbsrecht
9. Auflage	2007	Immobilienwerbung – sicher vor Abmahnungen
10. Auflage	2010	Immobilienwerbung – sicher vor Abmahnungen

ISBN 978-3-925573-422

Inhalt

Vorwort

Vorwort zur 10. Auflage

Der Ihnen vorliegende Praxisratgeber feiert ein echtes Jubiläum! Erstaunlich ist dabei nicht so sehr die Auflagenzahl als solche – verblüffend ist vielmehr der Zeitraum: In nur 14 Jahren seit dem ersten Erscheinen ist nun schon die 10. Auflage erforderlich geworden! Dies zeigt erstens, wie wichtig dieses kleine Werk für die Praxis in der Immobilienbranche ist und zweitens, welchem schnellen Wandel die Rechtslage im Bereich des Wettbewerbsrechts unterliegt. Die letzte größere nationale Reform des Gesetzes gegen unlauteren Wettbewerb (UWG) liegt erst 6 Jahre zurück, da hat zu Beginn des Jahres 2009 ein erneut reformiertes, nunmehr ziemlich „europäisiertes" UWG Geltung erlangt. Rechtsanwender und Werbungstreibende müssen sich wieder auf neue Vorschriften und neue Rechtsfragen einstellen.

In Folge der Umsetzung der EU-Richtlinie über lautere Geschäftspraktiken in Europa hat das heutige UWG eine deutliche Stärkung des Verbraucherschutzes erfahren. Neue Informationspflichten und eine lange „schwarze Liste" von heute per se verbotenen Geschäftspraktiken sollen die Kunden vor irreführenden und aggressiven Werbemethoden schützen. Damit findet sich ein immer dichteres Netz feinmaschiger Verbotsvorschriften mit zahlreichen unbestimmten Rechtsbegriffen im Gesetz, in denen sich auch Immobilienanbieter leicht verfangen können.

Aufklärung und ständiges Lernen ist also erforderlich, um sich gegen Abmahnungen und wettbewerbsrechtliche Auseinandersetzungen zu schützen. Dafür ist dieser Ratgeber in der Immobilienbranche unentbehrlich: Er umfasst das wichtige aktuelle Wissen für die Praxis und – damit hebt er sich von der rein juristischen Literatur wohltuend ab – ist auch für den Laien verständlich geschrieben. Der Autor bürgt für Branchen- und Rechtskenntnisse gleichermaßen: Rudolf Koch gilt seit Jahren als ausgewiesener Kenner der Schnittstelle zwischen Recht und Werbung in der Immobilienbranche. Wie kein anderer verfügt er über ein breites Erfahrungswissen rund um die Themen UWG und „Abmahnung" im Immobilienbereich. Wer Immobilienwerbung betreibt, hat mit seinem Buch ein praktisches Nachschlagewerk zur Hand, auf das er nicht verzichten sollte.

RA Dr. Reiner Münker
Geschäftsführendes Präsidiumsmitglied
Wettbewerbszentrale
Bad Homburg, im Mai 2010

Vorwort zur 9. Auflage

Das Wettbewerbsrecht spielt in der Immobilienbranche seit jeher eine beachtliche Rolle. Werbung für Immobilien muss sich immer auch an den Vorgaben des Gesetzes gegen den unlauteren Wettbewerb orientieren. Diese Vorgaben sind, anders als in anderen Ländern, indes recht allgemein gehalten. Obwohl mit der UWG-Reform 2004 bereits etliche Fallgruppen Einzug in den Gesetzestext gehalten haben, gibt es weder spezielle Regelungen für die Immobilienbranche noch eine abschließende Fallgruppenregelung, sondern lediglich Beispiele. Aus diesem Grund bestehen zum individuellen Sachverhalt in der Immobilienwerbung oft unterschiedliche Rechtsmeinungen. Rechtssicherheit schaffen können da nur die Gerichte. Aber wer will es schon auf einen Prozess ankommen lassen?

Es muss also schnell guter Rat her. Da fallen jedem, der im Bereich der Immobilienwerbung tätig ist oder rechtlich berät, die Ausführungen dieses Buches gerade recht in die Hände. Ein Blick in die übersichtliche Darstellung von Fallbeispielen aus der Immobilienwerbung gibt Aufschluss darüber, was nach der Rechtsprechung „erlaubt“ oder „verboten“ ist. Dem Verfasser, der über beträchtliches Immobilienfachwissen verfügt, ist es wieder einmal gelungen, mit der Neuauflage dieses Buches die wichtigsten Neuigkeiten im Wettbewerbsrecht die Immobilienbranche betreffend präzise zusammenzufassen. Das ist es, womit Praktiker arbeiten können und möchten. Die klare, kurze und übersichtliche Darstellung der Rechtsprechung zur Immobilienwerbung macht dieses Buch zu einem unverzichtbaren Hilfsmittel bei der Gestaltung von Werbeaussagen in diesem Metier. Jedem, der in der Immobilienbranche tätig ist, kann dieses Buch nur anempfohlen werden.

Dr. Reiner Münker
Zentrale zur Bekämpfung unlauteren Wettbewerbs e. V.
Bad Homburg, im Mai 2007

Vorwort zur 8. Auflage

Rechtsanwältin Hildegard Reppelmund,
Deutscher Industrie- und Handelskammertag
(DIHK)

Das Wettbewerbsrecht ist für Unternehmer, die Werbung treiben, eine wesentliche Grundlage. Dies gilt gerade für Unternehmer in der Immobilienbranche, wo die Gefahr von Fehlern besonders häufig und groß ist. Schnell kommt es zu kleinen, aber durch die nachfolgende Abmahnung zu teuren Unterlassungen, unzulässigen Abkürzungen oder ähnlichen „Unlauterkeiten“, sei es in der Zeitung, sei es auf Internetseiten.

Seit dem 8. Juli 2004 gilt das neue Gesetz gegen Unlauteren Wettbewerb (UWG).

Die Neuauflage trägt der neuen Rechtslage Rechnung.

Das „alte“ UWG war davon geprägt, dass im Gesetz selbst gar nicht so viel ausdrücklich geregelt war. Es gab eine Generalklausel, wonach alles, was gegen die guten Sitten verstieß, verboten war. Was das aber genau bedeutete, wurde erst durch die Rechtsprechung bestimmt, die in mehreren Jahren diverse Fallgruppen unlauteren Wettbewerbsverhaltens festgelegt hat. Gerade in der Immobilienwerbung gab es viele sehr detailorientierte und spezielle Urteile, die man in den bisherigen Auflagen dieses Buches finden konnte.

Das neue UWG will nun mehr Transparenz schaffen und führt die bisherigen größeren Fallgruppen der Rechsprechung nun im Gesetz selbst auf. Für den Rechtsanwender wird es dadurch leichter, weil er selbst für die Beurteilung der Zulässigkeit seiner Werbung schon mehr dem Gesetz entnehmen kann. Dennoch konnte nicht jedes Detail gesetzlich geregelt werden. So gibt es z.B. keine Sonderregelungen für die Immobilienwerbung im UWG, was aber auch nicht erforderlich erscheint. In vielen Fällen wird man an die bisherige Rechtsprechung angeknüpfen können. In anderen Fällen werden wir abwarten müssen, welche neuen Grenzen die Gerichte ziehen und insbesondere, wo sie neue Freiheiten gewähren. Die neuen Freiheiten werden sich im Immobilienbereich nicht so bemerkbar machen wie im Einzelhandel, aber es wird sie vielleicht auch dort geben.

Das vorliegende Buch, das von einem besonders ausgewiesenen Spezialisten in diesem Bereich verfasst wurde, wird weiterhin ein unentbehrlicher Ratgeber für die Branche sein. Selbst Kenner fragen den Verfasser immer wieder nach seiner Einschätzung, da gerade bei der neuen Rechtslage sein Erfahrungsschatz und das besondere Immobilienfachwissen besonders wertvoll ist. Auf dieses in dem Buch festgehaltene Wissen sollte jeder dieser Branche zurückgreifen.

RA Hildegard Reppelmund, DIHK
Berlin, September 2004

Vorwort zur 1. Auflage

Immobilienwerbung übt eine geradezu magische Anziehungskraft auf „Abmahner“ aus. Der Immobilienteil der Samstagszeitung ist für diese Spezies wie eine reich gedeckte Tafel. Hier ein nicht hervorgehobener Endpreis, dort eine 50%ige Sonder-AfA ohne nähere Erläuterung, rasch den passenden Textbaustein dazu aufrufen, und schon ist die kostenpflichtige Abmahnung fertig. Dabei steht die Seriosität des Abmahners regelmäßig in umgekehrtem Verhältnis zur Schwere des Verstoßes.

Man kann es aber auch so sehen: Trotz aller Aufklärungsarbeit wimmelt es in der Immobilienwerbung – natürlich auch anderswo – immer noch von Fehlern. Selten steckt böser Wille dahinter, meist bloß Unkenntnis oder Nachlässigkeit. Das entschuldigt aber nicht, sondern spielt den Abmahnern nur in die Hände. Der Gesetzgeber hat zwar vor kurzem versucht, die wettbewerbsrechtliche Verfolgung reiner Bagatellverstöße in der Werbung zu erschweren. Das sollte aber nicht zur Sorglosigkeit verleiten. Die Gerichte handhaben die neuen Regeln nämlich noch recht unterschiedlich. Außerdem ist nicht jeder Abmahner unseriös und nicht jeder Verstoß eine Bagatelle.

Was also tun? Das vorliegende Buch gibt die Antworten darauf. Es ist geschrieben vom Praktiker für den Praktiker. Sein Verfasser, übrigens auch von ehrenwerten Wettbewerbshütern gern konsultiert, gehört sicher zu den fundiertesten Kennern von Tricks, Schlichen und Vorlieben unseriöser Abmahner gerade im Immobilienbereich. Das breite Wissen, auf das er zurückgreifen kann, merkt man dem Buch an. Checklisten, Praxis-beispiele und Rechtsprechungsübersichten haben Hand und Fuß, sind für den Laien verständlich, aber auch für den nicht spezialisierten Juristen äußerst hilfreich.
Kurzum: Wer Immobilienwerbung betreibt und sich dabei an dieses Buch hält, dem kann eigentlich nicht mehr viel passieren. Möge das Buch also viele Käufer und mindestens ebenso viele Leser finden!

RA Dr. Axel Koblitz
Deutscher Industrie- und Handelstag (DIHT)
Bonn, im Oktober 1996

1 Einführung

Einige einleitende Bemerkungen

Immobilienmakler, Hausverwalter oder Bauträger werden immer noch mit wettbewerbsrechtlichen Abmahnungen konfrontiert. In vielen Fällen handelt es sich dabei um Abmahnungen von Bagatellen oder eine missbräuchliche Ausnutzung des Wettbewerbsrechts. Waren früher die meisten Verstöße in den klassischen Bereichen Wohnungsvermittlungsgesetz, Preisangabenverordnung und Irreführung angesiedelt, sieht dies heute etwas anders aus.

Zahlreiche Abmahnungen sind heute wie früher aus Bereichen, wo meistens unbewusst gegen geltende Gesetze verstoßen wird und die Abmahnungen im Prinzip durchaus berechtigt sind. Ich denke hier besonders an die vielen unzureichenden Pflichtangaben auf der Homepage (Impressum), unzulässige Bestimmungen in AGBs und Urheberrechtsverstöße durch die unberechtigte Nutzung von Stadtplänen, Landkarten, Fotos und Texten. Diese werden in Ausschnitten zur Vorstellung des eigenen Büros genutzt oder um zu zeigen, wo die angebotenen Immobilien liegen oder zum „aufpeppen" der Homepage eingebunden. Den wenigsten Nutzern ist dabei bewusst, dass hier gegen die geschützten Eigentumsrechte der Urheber von Karten, Texte oder Bilder verstoßen wird.

Eine daraus resultierende Abmahnung ist berechtigt. Allerdings werden gerade im Bereich Urheberrechtsverletzungen durch die Einschaltung von Anwälten hohe Kosten produziert. Dabei wären z.B. Verlage und große Stadtplananbieter in der Lage die festgestellten Nutzungen selber abzumahnen und Nutzungsgebühren anzufordern, da häufig eine eigene Rechtsabteilung vorhanden ist. Ob in diesen Fällen – und hier sind einige tausend pro Jahr gemeint – die Einschaltung von Anwälten erforderlich ist, darf bezweifelt werden. Leider sieht das die Rechtsprechung nicht unbedingt so.

Die 2004 in das Gesetz aufgenommene Kostenerstattung für Abmahnungen hat die existierenden Probleme eher verstärkt, als die vorhandenen zu lösen. Der Gesetzgeber hatte zwar nicht einfach gesagt – was allerdings einige Abm(s)ahner behaupten – die Kosten der Rechtsverfolgung/Abmahnung sind erstattungsfähig, sondern erstattungsfähig sind nur die „erforderlichen" Kosten der Rechtsverfolgung. Und damit kann wieder lange diskutiert – und vor allem gestritten werden – welche Kosten erforderlich sind. Diese Fälle von möglicher „Gebührenschinderei" werden leider von wenigen Gerichten so gesehen und entsprechend beurteilt. Die in der vorletzten Auflage dieses Buches 2005 geäußerten Befürchtungen sind leider eingetreten. Die Geschäftemacherei hat dank Internet und moderner Bürotechnik extrem zugenommen.

Die Politik steht dem Abmahnunwesen – bis auf die teilweise erfolgreichen UWG-Novellen von 1986, mit Neuregelungen u.a. in den damaligen §§ 13 und 24 UWG, 1994 und 2000 noch einmal mit der Änderung des alten § 13 UWG – eher hilflos gegenüber. Aber auch die Gerichte haben dem Missbrauch keinen wirksamen Riegel vorgeschoben. Leider hat sich daran auch durch die Novelle des UWG 2004 wenig bis nichts geändert.

Die zusätzlichen Gefahren durch das Medium Internet – das auch im Immobilienbereich eine sehr wichtige Rolle spielt – sind sehr hoch. Dabei lassen sich mit wenigen Grundregeln und einigen Kenntnissen die meisten Fehler vermeiden. Deshalb soll mit diesem kleinen Buch der Makler, Bauträger oder Hausverwalter lernen, wie Werbung richtig und rechtssicher formuliert werden kann und was er unternehmen muss, wenn doch einmal ein Fehler passiert.
Der Makler oder Bauträger sollte sich stets Informationen bei der IHK und bei den Berufsverbänden besorgen und diese auch über die Abmahnung informieren. Das ist deshalb so wichtig, damit neue Serienabmahner schnell erkannt werden. Nur dann kann wirksame Hilfestellung gegeben werden.

Wo die Probleme liegen – was abgemahnt wird und wo der Fehler gefunden wird – zeigen die nachfolgenden Statistiken. Dem Fachmann zeigen sie aber auch, wo es Änderungen durch den Gesetzgeber oder wichtige Urteile gegeben hat und welche Auswirkung das Internet auf dieses Geschehen hat.

Ein bisschen Statistik

Die hier ausgewerteten Abmahnungen zeigen nur den Teil, der mir zur Auswertung vorlag. Das tatsächliche Problem ist viel größer. Internet und moderne Büro- und Computertechnik ermöglichen eine viel intensivere Beobachtung der Mitbewerber und damit eine intensivere Abmahntätigkeit und dann ist da noch das Problem der extrem stark gestiegenen Zahl von Anwälten.

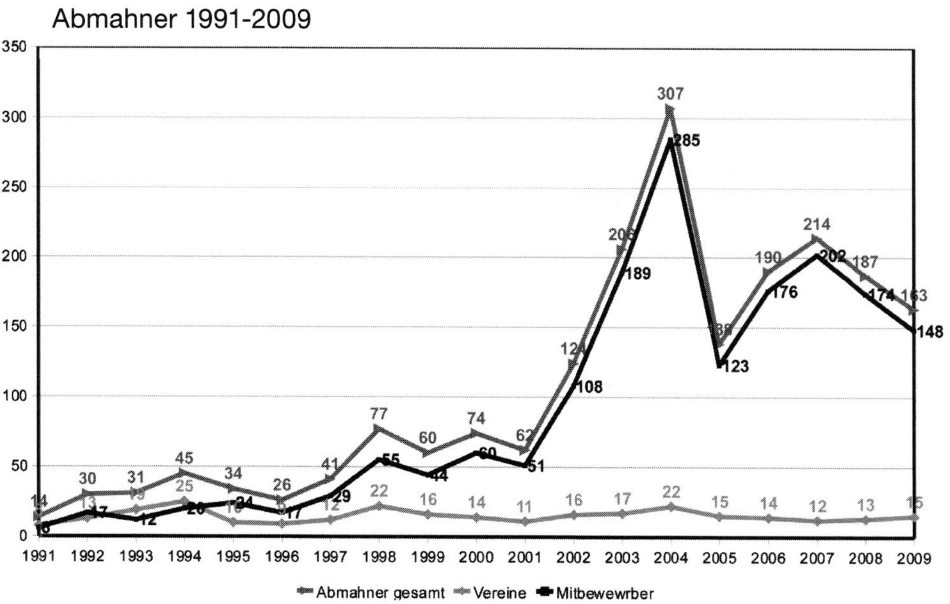

Abmahnungen 1991-2009 | 11.820 Abmahnungen

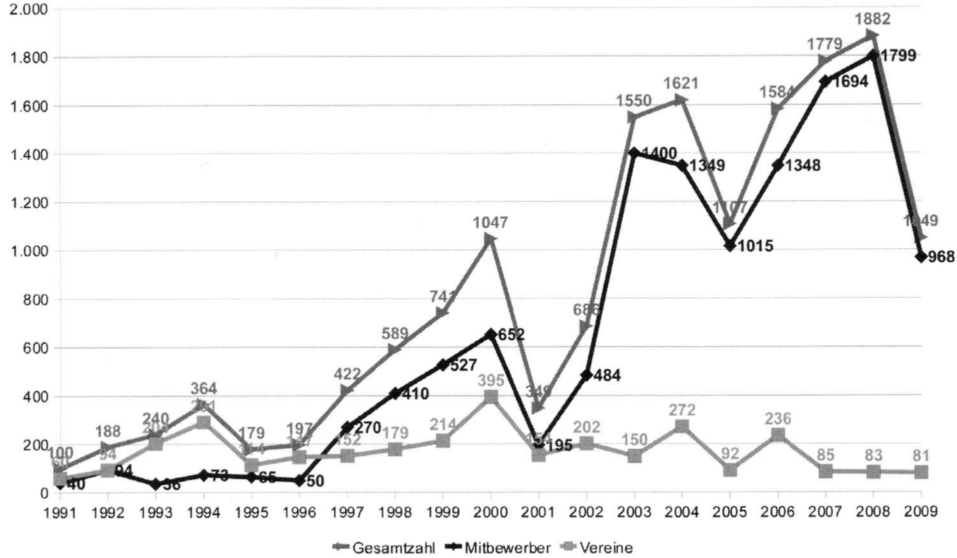

Fundstellen 2001-2010

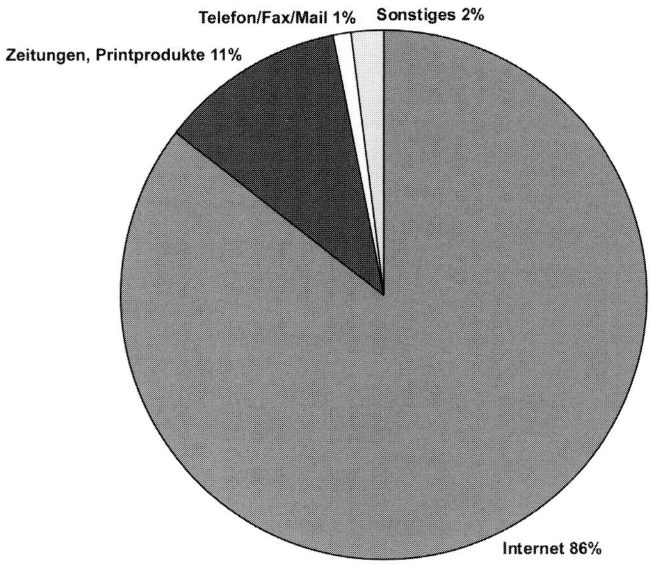

Grafiken (5) von Rudolf Koch

Abmahnungen 2001-2010

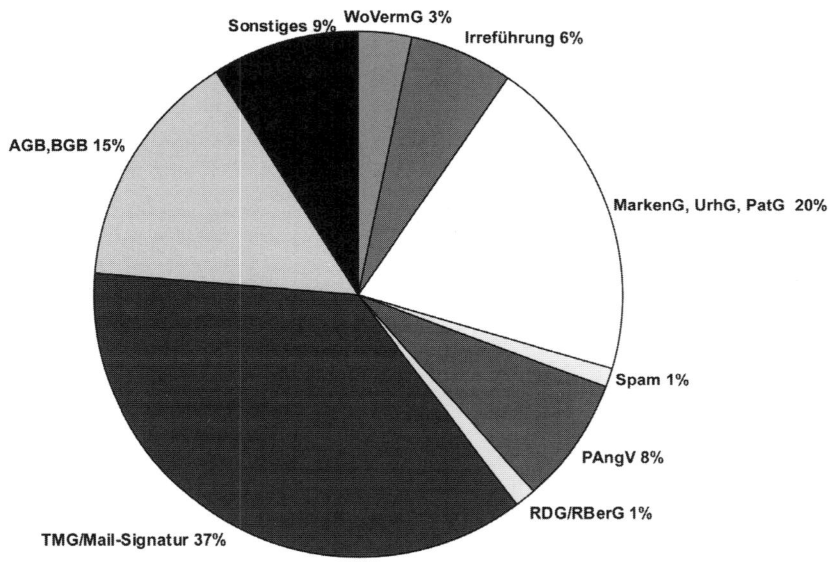

Abmahnungen 2010

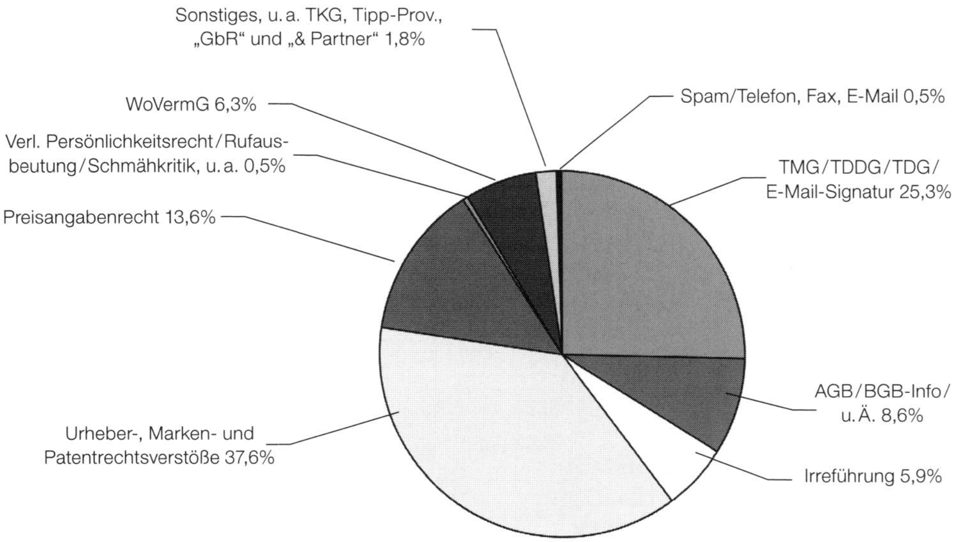

UWG ist die Abkürzung für das „Gesetz gegen den unlauteren Wettbewerb". So wie die Gesellschaft Regeln zur Ordnung des Verhaltens der Mitglieder braucht, benötigt auch die durch Wettbewerb geprägte Marktwirtschaft Ordnungsregeln. Solche Regeln helfen ein Gleichgewicht zwischen den Beteiligten am Markt herzustellen. Das Verhältnis der Marktteilnehmer ist durch den Wettbewerb manchmal problematisch. Eine Werbung bringt dem Werbenden Vorteile, aber seinem Konkurrenten Nachteile. Der eine macht zusätzlichen Umsatz, der andere verliert Umsatz. Dieses im Prinzip gewollte Verhalten verlangt aber nach Regeln. Die Grundregeln, praktisch das Grundgesetz des Wettbewerbs, sind das Gesetz gegen den unlauteren Wettbewerb und das Gesetz gegen Wettbewerbsbeschränkungen. Während das letztgenannte grundsätzlich den Wettbewerb sichern soll, regelt das UWG den Wettbewerb der Marktteilnehmer. Während früher der Hauptinhalt des UWG der Schutz der Gewerbetreibenden unter- und voreinander war, ist inzwischen der Verbraucherschutz mindestens gleichbedeutend dazugekommen.

Aus dem ursprünglichen Gedanken heraus, dass die Wirtschaft in geregelter Selbsthilfe den ordentlichen Wettbewerb sichert, sind spezielle Verfahren entwickelt worden. Damit nicht immer die Gerichte bemüht werden müssen, hat die Rechtsprechung das Instrument der wettbewerbsrechtlichen Abmahnung entwickelt. Sie soll, bei minimalen Kosten für den Wettbewerbsstörer, eine außergerichtliche Erledigung einer unerlaubten Handlung ermöglichen. Der Wettbewerbsstörer wird durch die Abmahnung auf sein Fehlverhalten hingewiesen und aufgefordert, dies in der Zukunft zu unterlassen. In der Regel wird der Störer eine entsprechende Unterlassungserklärung abgeben. Diese muss eine Sanktion für den Fall einer Wiederholung des Verstoßes enthalten, die Vertragsstrafe.

Dieses, in verantwortlichen Händen, gute Instrument ist aber durch Geschäftemacher zunehmend missbraucht worden. Grund ist die Rechtsprechung, die dem Abmahner einen Ersatz seiner Kosten zugestanden hat. Im Prinzip ist auch gegen die Kostenerstattung nichts einzuwenden, da ein Geschädigter nicht noch mehr Schaden haben soll durch Bezahlung eines Anwalts. Diese Erstattung der Abmahnkosten – als Pauschale beim Verein und tatsächlich angefallene Kosten wie Rechtsanwaltsgebühren beim Mitbewerber – und die möglichen Vertragsstrafen haben aber den Missbrauch gefördert. Durch immer restriktivere Urteile verhalf – und verhilft auch heute noch – die Rechtsprechung den Abmahnern, die Gewinne in diesem Geschäft stark auszuweiten. Dieser Missbrauch mit dem Wettbewerbsrecht hat den Gesetzgeber deshalb mehrfach gezwungen, das alte UWG zu ändern, zuletzt 2004. Das neue UWG hat leider keine Veränderung im Bereich der Missbrauchsbekämpfung gebracht.

Tausende von Gewerbetreibenden – darunter auch besonders häufig Immobilienfirmen – machen jedes Jahr Bekanntschaft mit dieser Besonderheit des deutschen Wettbewerbsrechts, den kostenpflichtigen Abmahnungen, die häufig von selbsternannten Wettbewerbshütern verschickt werden. Das können Vereine oder Mitbewerber sein. Dagegen ist in berechtigten Fällen auch nichts einzuwenden. Leider wird die – im Prinzip gute – Selbsthilfe aber immer noch dazu genutzt, Geld zu machen. Man könnte das als eine moderne Form des Raubrittertums bezeichnen. Es gab Vereine mit wenigen Mitgliedern bundesweit, die es auf tausende von Abmahnungen innerhalb weniger Wochen mit den entsprechenden Einnahmen gebracht haben. Erst Ende 2006 hat ein Verein mit dem bezeichnenden Namen „Ehrlich währt am längsten" tausende Gewerbetreibende abgemahnt um die Abmahngebühr zu kassieren. Auch wenn es inzwischen in diesem Fall ein Strafverfahren mit einer Verurteilung gegeben hat, ist ein Strafverfahren und die Verurteilung des Vorsitzenden doch eine absolute Ausnahme.

Aber auch angebliche Mitbewerber haben alleine oder zusammen mit Rechtsanwälten dieses einträgliche Geschäft entdeckt. Überhaupt spielen in diesem dubiosen Geschäft häufig Rechtsanwälte – manchmal im Hintergrund – eine Hauptrolle. Gibt es doch die Möglichkeit neben den Abmahnungen mit Kostenersatz, eventuell eine große Anzahl von Prozessen zu führen und bei relativ geringem Risiko das Gerichtsverfahren zu verlieren, wenn man sich auf bestimmte Verstöße beschränkt. Die meistens geringfügigen Verstöße wurden früher beim Durchforsten von Anzeigen in Zeitungen in großem Umfang aufgespürt und mit Abmahnungen verfolgt. Heute sucht man im Internet und macht sich die Technik der Suchmaschinen zu Nutze. Groß ist die Zahl der Wettbewerbshüter, die sich in der Immobilienbranche tummeln zwar nicht mehr. Es reicht aber immer noch für einige tausend Abmahnungen im Jahr.

Während vor der UWG-Novelle von 1994 überwiegend Wettbewerbsvereine als Wettbewerbshüter auftraten, waren es später „Verbraucherschutzvereine" und jetzt sind es verstärkt die Mitbewerber mit oder ohne Anwalt.

Ein besonders krasses Beispiel ist sicher der Münchner Abmahner Hans H., früher sogar einmal Anwalt, heute angeblicher Bauträger und vor allem Abmahner von eigenen Gnaden. Trotz einer einschlägigen Vorstrafe wegen Abmahnungen im Immobilienbereich in den 80er Jahren und inzwischen eingetretener Vermögenslosigkeit durch Bauträgertätigkeit in Berlin, die ihn 2004 die Anwaltszulassung kostete, mahnt er fleißig als angeblicher Besitzer einer Bauträgererlaubnis ab. Er bezeichnet sich – so ist es manchmal auf dem Briefbogen zu lesen – als „billigster Verbraucherschützer im Immobilienbereich" aber auch als „Deutschlands dienstältester Abmahner im Immobilienbereich".

Obwohl der BGH schon 2000 wegen Missbrauch der Klagebefugnis gegen ihn entschied, setzte er seine Tätigkeit fort. Rund 3.800 Abmahnungen liegen mir alleine seit der Missbrauchsentscheidung des BGH vor. Zahlreiche Urteile von Land- und Oberlandesgerichten hielten zwar in der Folge an dieser Rechtsprechung fest, trotzdem fand sich manchmal irgendwo ein Richter der auf Antrag von Hans H. eine Verfügung erließ. Im Widerspruchsverfahren wurden diese zwar regelmäßig auch aufgehoben, aber die Betroffenen blieben auf den Anwaltskosten sitzen, da unser „Wettbewerbshüter" vermögenslos ist. Dies stellte sogar das OLG München in einer Entscheidung von Ende Januar 2007 ausdrücklich mit der folgenden Bemerkung fest:
„In diesem Zusammenhang ist darauf hinzuweisen, dass auch die Verfahrensgebühr für dieses Berufungsverfahren in Höhe von 356 Euro noch offen ist und die Justizkasse unter Hinweis auf die geleistete eidesstattliche Versicherung von einer Eintreibung wohl absehen wird."

Über 4.500 Abmahnungen liegen dem Autor nur von diesem Abmahner aus den letzten 16 Jahren vor. Die Gebührenforderungen seit 2003 summierten sich auf über 1.000.000 Euro aus diesen bekannten Abmahnungen. Dabei stellen sie nur die Spitze des Eisberges dar, da in diesem Fall nur jede dritte oder vierte Abmahnung beim Autor bekannt wird.

Das gerade geschilderte Beispiel ist leider kein Einzelfall, sondern ein ständiges Problem. Makler und Bauträger sind wegen der umfangreichen Werbung in Zeitungen und heute besonders im Internet, wegen häufig widersprüchlicher Rechtsprechung und komplizierter Gesetze ein potenzielles Daueropfer solcher Wettbewerbshüter. Die Beispiele lassen sich beliebig fortsetzen. Alle Bemühungen der letzten 25 Jahre haben daran nur bedingt etwas geändert. Zwar ist die Anzahl der Abmahner im Vereinsbereich deutlich zurückgegangen, die Zahl der Mitbewerber hat aber dafür stark zugenommen. Vor allem die Intensität der Verfolgung auch kleinster Verstöße – besonders im Internet – hat extrem zugenommen.

Viele Abgemahnte erhalten aber keine oder nur unzureichende Hilfe oder Beratung. Selbst viele Anwälte sind nicht selten hilflos, weil Informationen über Abmahner fehlen und die Rechtsprechung unübersichtlich ist. So wird häufiger auf anwaltlichen Rat einfach die Unterlassungserklärung unterschrieben und teilweise werden kritiklos die angeforderten Kosten gezahlt. Das böse Erwachen kommt häufig schon bald, weil der gleiche oder ein ähnlicher Fehler wieder passiert und eine Vertragsstrafe angefordert wird. Jetzt geht es nicht mehr um einige Hundert Euro Abmahngebühren, sondern um 3.000, 5.000 oder 10.000 Euro Vertragsstrafeforderungen. Jetzt aber sind fast alle Möglichkeiten, dem Opfer zu helfen, erschöpft. Die unterschriebene Unterlassungserklärung ist ein Vertrag, der – unabhängig vom Verschulden oder der Zulässigkeit der Forderung – die nächsten Jahrzehnte zu erfüllen ist. So ist das Gesetz und so urteilen die Gerichte.

Welche Lehren sind daraus zu ziehen? Solange der Gesetzgeber und die Richter nicht auf Praktiker der Wirtschaft hört und das manchmal kleinkarierte deutsche Wettbewerbsrecht und die Rechtsprechung geändert wird, muss der Gewerbetreibende mit Urteilen rechnen, die teilweise absolutes Unverständnis in der Wirtschaft hervorrufen, aber geltendes Recht sind. Einige Beispiele für Abmahnungen finden Sie im Anhang des Buches (10. Typische Beispiele aus der Praxis). Gewerbetreibende sind gut beraten, Tipps und Hinweise aus dem Bereich des Wettbewerbsrechts zu beachten. Richtige Werbung erspart Abmahnungen und damit Kosten und vor allem Zeit. Beides kann man sinnvoller für die Vermarktung der Immobilien aufwenden.

Dieses kleine Buch soll Maklern, Verwaltern und Bauträgern dabei helfen typische Fehler zu vermeiden. Kommt trotzdem mal einer vor, gibt es im Buch die notwendigen Tipps und Hilfen. Schwerpunkt soll aber die Verhinderung von Fehlern sein. Dafür muss man die wichtigsten Gesetze und eventuell auch Rechtsprechung kennen. Einige grundlegende Erläuterungen zum UWG folgen anschließend, während im Teil 3 genauer auf den Inhalt des UWG eingegangen wird und einige weitere Gesetze mit den wichtigsten Paragraphen kurz vorgestellt werden.

Seit dem 30. Dezember 2008 haben wir das neue Gesetz gegen den unlauteren Wettbewerb, wie bisher kurz UWG genannt. Es ersetzt das alte seit 2004 bzw. 1909 geltende Gesetz. Mit dem neuen UWG hat der Gesetzgeber die EU-Richtlinie über „Unlautere Geschäftspraktiken“ umgesetzt.

Das UWG ist – wie bisher – in fünf Kapitel unterteilt. Im ersten Kapitel sind allgemeine Bestimmungen enthalten, das zweite Kapitel befasst sich mit den Rechtsfolgen. Im dritten Kapitel sind Verfahrensvorschriften, im vierten Kapitel stehen die Strafvorschriften und im letzten Kapitel sind Schlussbestimmungen enthalten, die hier aber nicht weiter interessieren.

Allgemeine Bestimmungen

§ 1 nennt zunächst den Gesetzeszweck, das ist neben dem Schutz der Mitbewerber, der Verbraucher und sonstiger Marktteilnehmer vor einer „unlauteren geschäftlichen Handlung“. Es folgen in § 2 Definitionen für „geschäftliche Handlung“, „Marktteilnehmer“, „Mitbewerber“, „Nachrichten“, „Verhaltenskodex“, „Unternehmer“ und „Fachliche Sorgfalt“.

§ 3 enthält die Generalklausel über das Verbot der „unlauteren geschäftlichen Handlung vor, während und nach einem Vertragsschluss“. In § 4 sind dann Beispiele für unlautere geschäftliche Handlungen aufgeführt. Es ist aber keine abschließende Aufzählung, sondern ein Beispielkatalog, abgeleitet aus der bisherigen Rechtsprechung. Daran schließen sich die Sondertatbestände wie „irreführende geschäftliche Handlung“ im § 5 und „irreführende geschäftliche Handlung durch Unterlassen“ im § 5 a, „vergleichende Werbung” im § 6 und „unzumutbare Belästigungen” im § 7 an.

Im zweiten Kapitel sind die Rechtsfolgen geregelt: „Beseitigung und Unterlassung“ in § 8, der „Schadenersatz“ in § 9, die „Gewinnabschöpfung“ in § 10 und die „Verjährung“ in § 11.

Das dritte Kapitel betrifft die Verfahrensvorschriften zur „Anspruchsdurchsetzung“ (Abmahnung), „Veröffentlichungsbefugnis“ und “Streitwertminderung“ in § 12. Weiter sind hier Regelungen zur sachlichen Zuständigkeit, also welche Gerichtsart in § 13 und örtlichen Zuständigkeit, also der Gerichtsstand in § 14 getroffen. Die Einigungsstellen bei den Industrie- und Handelskammern sind jetzt im § 15 geregelt.

Das vierte Kapitel enthält Strafvorschriften für besondere Fälle von irreführender Werbung in § 16, zum Verrat von Geschäfts- und Betriebsgeheimnissen in § 17, zur Vorlagenausbeutung in § 18. Weiter ist in § 19 die Anstiftung oder die Beteiligung am Verrat geregelt. Wichtig und neu dazugekommen ist der Anhang mit einer Aufzählung von 30 immer unlauteren geschäftlichen Handlungen.

Die „neue“ Generalklausel § 3

Betrachten wir die Generalklausel in § 3 UWG einmal näher, sie lautet:

> „Unlautere geschäftliche Handlungen sind unzulässig, wenn sie geeignet sind, die Interessen von Mitbewerbern, Verbrauchern oder sonstigen Marktteilnehmern spürbar zu beeinträchtigen”.

Das bedeutet, dass – außer den stets unlauteren Handlungen aus dem 30 Positionen umfassenden Katalog im Anhang – es eine Gruppe von Handlungen gibt, deren „Spürbarkeit“ geprüft werden muss, die zwar unlauter sind, aber als „Bagatelle“ angesehen werden. Das bedeutet, solche Verstöße können nicht verfolgt werden.

Die dann folgenden §§ 4–6 regeln bestimmte Fälle – praktisch wie ein Katalog – unlauterer geschäftlicher Handlungen, die sich entweder speziell gegen Verbraucher, Marktteilnehmer oder Unternehmer richten können. Auch der § 7 gehört – allerdings mit einer anders definierten Spürbarkeitsgrenze – dazu. Statt von einer „spürbaren Beeinträchtigung“ ist im § 7 von einer „unzumutbaren Belästigung“ die Rede.

Beispiele unlauterer geschäftlicher Handlungen § 4

Schutz der Verbraucher und sonstiger Marktteilnehmer

Bei den Beispielen in § 4 steht der Verbraucherschutz – wie überhaupt jetzt mit dem neuen UWG – weit vorne. Die Beispiele unter den Nummern 1–6 betreffen die Verbraucher und die sonstigen Marktteilnehmer. Besonders werden jetzt auch ausdrücklich Kinder, Jugendliche und unerfahrene Personen aufgeführt.
Auch Leichtgläubigkeit, Angst oder die Zwangslage von Verbrauchern darf nicht ausgenutzt werden. Das hat die Rechtsprechung zwar bislang schon berücksichtigt, aber hier wird jetzt verstärkt darauf zu achten sein.

Schutz der Mitbewerber

Der Schutz der Mitbewerber ist in den dann folgenden Beispielen 7–11 geregelt. Dass Mitbewerber, deren Produkte, Leistungen oder Kennzeichen nicht unsachlich herabgesetzt oder gar in Misskredit gebracht werden dürfen (Nr. 7 und 8), war bisher schon so. Der wettbewerbsrechtliche Leistungsschutz ist jetzt aber auch ausdrücklich im Gesetz festgeschrieben (Nr. 9). Der Behinderungswettbewerb ist wie bisher verboten (Nr. 10) und auch der Vorsprung durch Rechtsbruch ist ausdrücklich im Gesetz aufgenommen (Nr. 11), wie er vom Bundesgerichtshof eingeordnet wurde. Im Immobilienbereich wird sicher die Nr. 11 als eine Art „Auffangtatbestand“ bei Verstößen gegen Gesetze eine größere Rolle spielen.

Irreführende geschäftliche Handlungen und Irreführung durch Unterlassen § 5, 5a

Der Sondertatbestand der irreführenden Werbung, jetzt in den §§ 5 und neu 5a UWG, wird durch Beispiele erläutert, die jedoch nicht abschließend sind, sondern Anhaltspunkte liefern. Hier wird weiterhin die bisherige Rechtsprechung zu beachten sein. Eine entscheidende Rolle könnte die Irreführung durch Unterlassen im § 5a UWG für den Immobilienbereich werden. Hier deutet sich eine Verschärfung der Informationspflichten an und es wird wichtig sein, die Rechtsprechung zu beachten.

Vergleichende Werbung § 6

Die Regeln zur vergleichenden Werbung, im § 6 UWG, sind fast unverändert aus dem bisherigen § 6 UWG (2004) übernommen. Vergleichende Werbung spielte aber im Immobilienbereich bisher praktisch keine Rolle.

Unzumutbare Belästigungen § 7

Die verschiedenen Tatbestände der bisherigen belästigenden Werbung (hauptsächlich Werbeanrufe, -faxe und E-Mails), im § 7 UWG normiert, sind alle schon von der Rechtsprechung entwickelt worden, also nicht grundlegend neu, bekommen aber mehr Gewicht. Damit sind auch Vorgaben aus der EG-Datenschutzrichtlinie in deutsches Recht umgesetzt worden. Im August 2009 sind die Regeln verschärft worden und zusätzliche „Strafmaßnahmen" eingeführt worden.

Die Werbung hat dem Verbraucher künftig mehr Respekt entgegenzubringen und dabei zu berücksichtigen, dass der Verbraucher nicht jederzeitig, überall und bei jeder Gelegenheit mit Werbung konfrontiert werden will. Wer Werbung nicht wünscht, darf damit auch nicht behelligt werden. Ansonsten gelten die bisher von der Rechtsprechung entwickelten Kriterien für das mutmaßliche Einverständnis.

Rechtsfolgen

Beseitigung und Unterlassung (Abmahnbefugnis) § 8

Der § 8 UWG regelt – ähnlich wie der alte § 13 UWG – die Klagebefugnis, d.h., wer Ansprüche aus dem Gesetz geltend machen kann. Es sind vier Gruppen:

1. Der Mitbewerber, § 8 Abs. 3 Nr. 1
2. Wettbewerbsverbände und Gewerbevereine, § 8 Abs. 3 Nr. 2
   (z.B. Berufsverbände, Einzelhandelsverbände, Wettbewerbs-/Abmahnvereine)
3. Die Industrie- und Handelskammern sowie die Handwerkskammern, § 8 Abs. 3 Nr. 4
4. Verbraucherschutzverbände als so genannte qualifizierte Einrichtungen,
   § 8 Abs. 2 Nr. 3.

Der Unterlassungsanspruch ist jetzt dem Mitbewerber, wie er im § 2 Abs. 1 Nr. 3 UWG definiert ist, vorbehalten. Mitbewerber ist jeder Unternehmer (§ 14 BGB), der ... als Anbieter oder Nachfrager ... in einem konkreten Wettbewerbsverhältnis steht. Erforderlich ist dafür eine zumindest teilweise Überschneidung des Kundenkreises und des Waren- oder Dienstleistungsangebotes.

Schadensersatz und Gewinnabschöpfung § 9

Schadensersatz (§ 9 UWG) und die Gewinnabschöpfung (§ 10 UWG) spielen im Immobilienbereich praktisch keine – oder zumindest nur untergeordnete – Rolle. Es gibt aber eine Ausnahme, das sind die leider auch in der Immobilienwirtschaft häufig festgestellten Urheberrechtsverstöße an Stadtplänen und Landkarten.

Verjährung § 11

Der § 11 UWG regelt die kurze (6 Monate) Verjährungsfrist. Hier ist das Problem wann die Verjährungsfrist beginnt. Das Datum der „Kenntniserlangung der begründenden Umstände" ist kaum feststellbar und damit manipulierbar.

Verfahrensvorschriften
Anspruchsdurchsetzung (Abmahnung, Kostenersatz) § 12

Bei den Verfahrensvorschriften ist besonders auf die im UWG (§ 12 Abs. 1 letzter Satz) enthaltene Vorschrift hinzuweisen, dass die „erforderlichen Aufwendungen" für eine Abmahnung zu erstatten sind. Hier ist auf der einen Seite „fachkundigen" Abmahnern die Verdienstquelle UWG – zumindest theoretisch – beschnitten worden, andererseits ist „gering verdienenden" Juristen eine sprudelnde Einnahmequelle an die Hand gegeben worden. Diese 2004 in das UWG eingeführte Regelung hat sich nicht bewährt, da die Rechtsprechung die häufig zu hoch gewählten Gegenstandswerte (Streitwerte) einfach akzeptiert.

Sachliche Zuständigkeit § 13

Hinzuweisen ist noch auf die Festlegung zur sachlichen Zuständigkeit im § 13, danach ist immer das Landgericht Anfangsgericht.

Örtliche Zuständigkeit § 14

Der § 14 UWG regelt die örtliche Zuständigkeit. Danach ist, wie allgemein im Zivilrecht, gemäß § 14 Abs. 1 das örtliche Gericht des Geschäftssitzes des Beklagten zuständig, zumindest theoretisch. Der Absatz 2 regelt aber eine Ausnahme, nämlich die Zuständigkeit jedes Gerichts in dem die Handlung vorgenommen wurde. Dies bedeutet praktisch, dass sich der Anspruchsteller das Gericht aussuchen kann, die Juristen sprechen vom sogenannten „fliegenden Gerichtsstand".

Einige Änderungen werden vermutlich größere Auswirkungen auf die Tätigkeit als Makler, Bauträger, Verwalter oder Gutachter haben. Allerdings werden wir erst durch die Rechtsprechung in den nächsten Jahren Klarheit bekommen. Im folgenden werden die wichtigsten Änderungen kurz aufgeführt.

Die neuen Begriffe und die Veränderung des Anwendungsbereichs des UWG

Der Begriff der „unlauteren Wettbewerbshandlungen" ist in „unlautere geschäftliche Handlungen" geändert worden. Die neue Generalklausel im § 3 Abs. 1 verbietet unlautere geschäftliche Handlungen, die geeignet sind, die Interessen von Mitbewerbern, Verbrauchern oder sonstigen Marktteilnehmern spürbar zu beeinträchtigen. Die „geschäftliche Handlung" wird im § 2 UWG so definiert: „... jedes Verhalten einer Person zu Gunsten des eigenen oder eines fremden Unternehmens vor, bei oder nach einem Geschäftsabschluss, dass mit der Förderung des Absatzes oder des Bezuges von Waren oder Dienstleistungen oder mit dem Abschluss oder der Durchführung eines Vertrages über Waren oder Dienstleistungen objektiv zusammenhängt; als Waren gelten auch Grundstücke, als Dienstleistungen auch Rechte und Verpflichtungen".

Damit wird das Verhalten des Unternehmers nicht nur wie bisher vor, sondern jetzt auch während und nach einem Vertragsschluss durch das UWG erfasst. Vorrangig wird dadurch der Verbraucherschutz ausgeweitet, da jetzt auch das nachvertragliche Verhalten von Unternehmern entscheidend ist. Dies ist z.B. der Fall bei der Behandlung von Service- oder Garantieansprüchen.

Der 2. Absatz stellt auf bestimmte Handlungen gegenüber dem Verbraucher ab und verbietet speziell geschäftliche Handlungen gegenüber Verbrauchern, wenn sie nicht der für den Unternehmer geltenden fachlichen Sorgfalt entsprechen und dazu geeignet sind, die Fähigkeit des Verbrauchers sich auf Grund von Informationen zu entscheiden, spürbar zu beeinträchtigen und ihn damit zu einer geschäftlichen Entscheidung zu veranlassen, die er andernfalls nicht getroffen hätte.

Die neue „Bagatellklausel"

Die alte „Bagatellklausel" wurde durch eine Neufassung konkretisiert. Durch das Ändern der unbestimmten Rechtsbegriffe „Nachteil" und „unerhebliche Beeinträchtigung" in „Interessen" und „Spürbarkeit" sind auf den ersten Blick nur marginale Änderungen entstanden. Welche Auswirkungen diese Änderungen haben, kann aber erst nach Vorliegen von Rechtsprechungen beurteilt werden.

Nach dem neu eingefügten Absatz 2 sind jetzt „geschäftliche Handlungen gegenüber Verbrauchern jedenfalls dann unzulässig, wenn sie nicht der für den Unternehmer geltenden fachlichen Sorgfalt entsprechen und dazu geeignet sind, die Fähigkeit des Verbrauchers, sich auf Grund von Informationen zu entscheiden, spürbar zu beeinträchtigen und ihn damit zu einer geschäftlichen Entscheidung zu veranlassen, die er andernfalls nicht getroffen hätte". Welche Auswirkungen diese Änderung auf die Immobilienwirtschaft hat, lässt sich noch nicht abschätzen. Als stets unzulässige geschäftlichen Handlungen gelten die im neuen Anhang zum UWG aufgeführten Verhaltensweisen.

Irreführende geschäftliche Handlungen durch aktive Taten

Der bisherige „Schutz vor irreführender Werbung" durch den alten § 5 UWG wurde im Zuge der Reform auf den Schutz vor „geschäftlichen Handlungen" erweitert. Im neuen § 5 UWG sind die Irreführungstatbestände aufgeführt, die immer durch ein aktives Handeln erfüllt werden. Irreführend ist eine „geschäftliche Handlung" immer dann, wenn sie unwahre Angaben oder sonstige zur Täuschung geeignete Angaben enthält.

Irreführung durch Unterlassen

§ 5 a UWG enthält dann die Erweiterung des Schutzes vor Irreführung durch Unterlassen. Das war bisher rein durch die Rechtsprechung geregelt. Jetzt kommt es darauf an, ob das Verschweigen einer Tatsache/Information eine Bedeutung für eine geschäftliche Entscheidung hat oder zur Beeinflussung für eine Entscheidung geeignet ist. Nach dem neuen UWG handelt derjenige unlauter, der „die Entscheidungsfähigkeit der Verbraucher dadurch beeinflusst, dass er eine wesentliche Information vorenthält, die im konkreten Fall unter Berücksichtigung aller Umstände einschließlich der Beschränkungen des Kommunikationsmittel wesentlich ist".

Es müssen also immer alle wesentlichen Informationen an den Verbraucher weitergegeben werden, wobei der Umfang dieser Information auch mit durch das Kommunikationsmittel bestimmt wird. Das bedeutet z.B. eine geringere Informationsdichte in der Zeitungsanzeige ist zulässig, aber im Internet müssen wesentlich genauere und umfangreichere Informationen erteilt werden. Welche Informationen das aber konkret sind, ist einem (nicht abschließenden) Katalog des Absatzes 3 zu entnehmen. Diese wesentlichen Informationen muss der Unternehmer ungefragt mitteilen. Im Einzelnen sind dies:

1. alle wesentlichen Merkmale der Ware oder Dienstleistung in dem dieser und dem verwendeten Kommunikationsmittel angemessenen Umfang,
2. die Identität und Anschrift des Unternehmers, gegebenenfalls die Identität und Anschrift des Unternehmers, für den er handelt,
3. der Endpreis oder in Fällen, in denen ein solcher Preis auf Grund der Beschaffenheit der Ware oder Dienstleistung nicht im Voraus berechnet werden kann, die Art der Preisberechnung, ...
4. Zahlungs-, Liefer- und Leistungsbedingungen sowie Verfahren zum Umgang mit Beschwerden, soweit sie von Erfordernissen der fachlichen Sorgfalt abweichen.

Z.B. müssen nachteilige Eigenschaften einer Immobilie genannt werden, wenn es eine entsprechende Aufklärungspflicht gibt. Im Immobilienbereich regelt die MaBV in §§ 10, 11 die Informationspflichten des Maklers. So müsste wahrscheinlich ein Altlastenverdacht noch nicht in der Zeitungswerbung oder in einem Kurzexposé genannt werden, aber im ausführlichen Exposé muss sicher darauf hingewiesen werden.

Auch bei der Werbung mit der zusammengesetzten Zahl der Wohn- und Nutzflächen wird der neue § 5 a möglicherweise wieder eine größere Rolle spielen. In der Zukunft kann der fehlende Hinweis auf Mieter mit größerem Mietrückstand oder laufende Gerichtsverfahren wegen Mietminderungen möglicherweise solche wesentliche Informationen sein. Die Rechtsprechung hat z.B. schon vor rund 20 Jahren den fehlenden Hinweis auf eine Vermietung bei einer Eigentumswohnung als Irreführung gesehen. Vergleichbare Informationen sind jetzt mit dem neuen § 5 a verstärkt im Blickfeld der Wettbewerbshüter.

Das Verbraucherleitbild

Bei der Frage, welcher Verbraucher überhaupt im UWG gemeint ist, kommt das sogenannte Verbraucherleitbild ins Spiel. Dieses hat sich durch die vom EUGH erzwungene Änderung deutlich zum positiven gewandelt. Ging man früher noch vom „dummen Verbraucher" aus, der sich unkritisch auf jedes Angebot stürzte, so wird jetzt durch die Rechtsprechung ein wesentlich differenzierteres Verbraucherleitbild benutzt. Dieses findet man auch im Gesetz: **„Dabei ist auf den durchschnittlichen Verbraucher oder, wenn sich die geschäftliche Handlung an eine bestimmte Gruppe von Verbrauchern wendet, auf ein durchschnittliches Mitglied dieser Gruppe abzustellen. Auf die Sicht eines durchschnittlichen Mitgliedes einer auf Grund von geistigen oder körperlichen Gebrechen, Alter oder Leichtgläubigkeit besonders schutzbedürftigen und eindeutig identifizierbaren**

Gruppe von Verbrauchern ist abzustellen, wenn für den Unternehmer vorhersehbar ist, dass seine geschäftliche Handlung nur diese Gruppe betrifft."

Der in der Vergangenheit von der Rechtsprechung entwickelte „mündige" Verbraucher hat jetzt direkt den Weg in das UWG gefunden. Was der Verbraucher aber hätte erkennen oder wissen müssen, ist aber immer eine Frage des Einzelfalls.

Die „Schwarze Liste"

Eine weitere wichtige Änderung bringt der Anhang zu § 3 UWG. Dies ist eine nicht unbedingt in sich schlüssige Liste von „30 Todsünden" als praktisch immer unzulässige Handlungen. Hier einige den Immobilienbereich tangierende unzulässige Handlungen:

- die Verwendung von Gütezeichen, Qualitätskennzeichen oder Ähnlichem ohne die erforderliche Genehmigung;
- Lockangebote [...]
- die unwahre Angabe, bestimmte Waren oder Dienstleistungen seien allgemein oder zu bestimmten Bedingungen nur für einen sehr begrenzten Zeitraum verfügbar, um den Verbraucher zu einer sofortigen geschäftlichen Entscheidung zu veranlassen, ohne dass dieser Zeit und Gelegenheit hat, sich auf Grund von Informationen zu entscheiden;
- als Information getarnte Werbung;
- Angstwerbung;
- das Angebot einer Ware oder Dienstleistung als „gratis", „umsonst", „kostenfrei" oder dergleichen, wenn hierfür gleichwohl Kosten zu tragen sind; [...]
- bei persönlichem Aufsuchen in der Wohnung die Nichtbeachtung einer Aufforderung des Besuchten, diese zu verlassen oder nicht zu ihr zurückzukehren, es sein denn, der Besuch ist zur rechtmäßigen Durchsetzung einer vertraglichen Verpflichtung gerechtfertigt;

Was bedeutet dies für die tägliche Arbeit

Das neue UWG beinhaltet im Vergleich zu seinem Vorgänger viele versteckte Fallstricke. Besonders diese Punkte können problematisch werden:
Die Erweiterung des Anwendungsbereiches des UWG auf nachvertragliche Handlungen, kann dazu führen, dass Regelungen in AGB, auch wenn sie erst nach Vertragsabschluss wirken, nun wettbewerbswidrig sein.
Noch problematischer kann die drastische Verschärfung der Informationspflichten des Unternehmers je nach Werbemedium sein. Die in § 5 a Abs. 3 UWG genannten wesentlichen Informationen, müssen immer angegeben werden. Ein Unterlassen ist stets wettbewerbswidrig und kann von Mitbewerbern mit einer Abmahnung geahndet werden. Insofern ist die Angst vor Abmahnungen nicht ganz unbegründet.

Noch dramatischer als die Informationspflichten aus Absatz 3 können die Pflichten aus § 5 a Abs. 4 UWG sein. Danach sind alle Informationen anzugeben, die „dem Verbraucher auf Grund EU-rechtlicher Verordnungen oder nach Rechtsvorschriften zur Umsetzung gemeinschaftsrechtlicher Richtlinien für kommerzielle Kommunikation einschließlich Werbung und Marketing nicht vorenthalten werden dürfen." Damit dürften auch kleinste Fehler z. B. im Impressum die Abmahner auf den Plan rufen. Die bisherige BagatellRechtsprechung zu manchen Verstößen gegen die sogenannte Impressumspflicht – aber auch gegen die Preisangabenverordnung – dürfte hinfällig geworden sein.

Das UWG hat teilweise grundlegend neue Akzente gesetzt. Es hat, neben der jetzt gesetzlichen Regelung für manche Sachverhalte, neue Problemfelder aufgetan. Diese werden durch die Rechtsprechung in den nächsten Jahren zu schließen sein.

Die Immobilienwirtschaft wird weitgehend zwar werben dürfen wie in der Vergangenheit. Aber durch die Stärkung der Verbraucherrechte kann in einigen Bereichen eine Verschärfung der Rechtsprechung drohen.

In der 8. Auflage war die Frage gestellt worden „ob Anwälte die gesetzliche Kostentragungspflicht aus § 12 UWG ausnutzen werden und wie die Rechtsprechung den alten – aber weitgehend vergessenen – Rechtsgrundsatz des BGH anwenden wird“. Leider sind die Befürchtungen, dass auch das UWG von 2004 zur sprudelnden Einnahmequelle für manche Juristen wird, doch eingetreten. Massenabmahnaktionen mit mehreren tausend Abmahnungen an einem Tag oder innerhalb weniger Tage sind dank der modernen Bürotechnik und dem Auffinden von „Verstößen“ im Internet keine Seltenheit. Hier hinkt das Recht den Gegebenheiten immer noch meilenweit hinterher.

Die Politik ist deshalb dringend aufgerufen sich mit den nachfolgenden Forderungen zu beschäftigen und nach Lösungen suchen. Die Wirtschaft – und nicht nur die Immobilienwirtschaft – erwartet hier eine Entlastung:

Die Missbrauchsfälle sind a) in der Möglichkeit des Geldverdienens und b) in der bewussten Behinderung von Mitbewerbern zu sehen. Aus über zwanzig jähriger Tätigkeit in Verbänden im Bereich des Wettbewerbsrechts und der Auswertung von über 16.000 Abmahnungen sehe ich deshalb die nachfolgenden Ansatzpunkte:

Die Klagebefugnis **muss immer** bei der Abmahnung oder in gerichtlichen Verfahren mit überprüfbaren Unterlagen belegt werden. Bei Verfügungsverfahren **muss** die Glaubhaftmachung der Mitbewerbereigenschaft durch entsprechende Unterlagen dargelegt werden. Bei Mitbewerbern könnten das z. B. neben der Gewerbeanmeldung und gegebenenfalls einer Gewerbeerlaubnis, die letzten zwei Umsatzsteueranmeldungen, vom Steuerberater bestätigte Umsatzzahlen und einige aktuelle Kopien von Wareneinkaufsrechnungen sein. Bei Vereinen muss das z. B. die Übersendung einer nachprüfbaren Mitgliederliste und der GuV bzw. Bilanz der letzten zwei Jahre und die entsprechenden Haushaltspläne und Tätigkeitsberichte mit Aussagen zur Verfolgungstätigkeit sein.

Einschränkung beim „fliegenden Gerichtsstand“. Es ist zu beobachten, dass in bekannten Missbrauchsfällen häufig weit entfernte Gerichte bemüht werden. Abgemahnten werden damit zusätzliche Kosten bei Gerichtsverfahren aufgebürdet. Bei einem Geschäftssitz im Inland dürfte – wie bei den klagebefugten Verbänden – nur am zuständigen Gericht für den Geschäftssitz des Abgemahnten geklagt werden. Diese Änderung des UWG 1994 hat damals zu einer deutlichen Bereinigung der Vereinslandschaft geführt und könnte auch jetzt den gleichen Effekt bei „Mitbewerbern“ bringen.

Den Gerichten **müssen** in einstweiligen Verfügungsverfahren die überprüfbaren Unterlagen zur Klagebefugnis bei Antragstellung mit übermittelt werden und auch gewürdigt werden. Es muss weiter sichergestellt werden, dass die Verfügungsanträge **mit sämtlichen** Anlagen dem Verfügungsbeklagten vom Gericht, bzw. bei der Zustellung der einstweiligen Verfügung, mit übersandt werden.

Dem Abgemahnten **muss** ein Kostenerstattungsanspruch zugestanden werden wenn die Abmahnung nicht berechtigt war. Es kann nicht sein, dass die Abwehr einer Abmahnung zum „Geschäfts-/Lebensrisiko" zählt und deshalb ohne Kostenersatz erfolgen soll. Hier herrscht keine „Waffengleichheit", es **muss** das gleiche gelten wie bei der unberechtigten Schutzrechtsverwarnung. Es sollte eine Haftung für den Kostenerstattungsanspruch durch den eingeschalteten Anwalt erfolgen, wenn die abmahnende Firma Kostenerstattungsansprüche nicht ausgleichen kann und der Anwalt dies hätte wissen können.

Bei zahlreichen gleichlautenden Abmahnungen für einen Mandanten muss die Gebührenforderung des Anwalts über das RVG begrenzt werden. Es kann nicht angehen, dass gleichlautende „Serienschreiben" mit einer 1,3 fachen Gebühr zu erstatten sind. Die Mehrwertsteuer dürfte kein erstattungsfähiger Betrag sein. Die Gegenstands-/Streitwerte müssten nach Firmengröße gestaffelt werden. Viele Gewerbetreibende trauen sich nicht, gegen Abmahnungen wegen des hohen Kostenrisikos vorzugehen. Die Gegenstands-/Streitwerte und auch die Vertragsstrafenhöhen bedrohen viele Gewerbetreibende in ihrer Existenz. Die Vertragsstrafenforderungen haben sich mit der Euro-Umstellung praktisch verdoppelt. Ähnliches gilt für die Rechtsanwaltsgebühren durch die Einführung des Rechtsanwaltsvergütungsgesetz für die Abmahnkosten.

Besonders bei Urheberrechtsverstößen ist die Höhe des geforderten Schadensersatzes zu überprüfen. Die „Lizenzgebühren" sind häufig künstlich überteuert. Dies ist besonders im Bereich der Stadtplan-Abmahnungen feststellbar

Es sollte bei Wirtschafts- und/oder Verbraucherverbänden die Möglichkeit geschaffen werden, eine Datenbank über Abmahner und Abmahnungen zu führen. Nur so lassen sich die erforderlichen Informationen zu möglichen Missbrauchsfällen schnell und sicher beschaffen. Heute gibt es datenschutzrechtliche Probleme und keinerlei Kompetenzen. Der DIHK, die Wettbewerbszentrale und die Verbraucherzentrale Bundesverband wären dafür geeignete Institutionen.

2 Immobilien im Internet

Gesetze

Die üblichen Gesetze

Für die Inhalte der eigenen Homepage gelten dieselben Regeln wie für die Werbung allgemein. Es sind die üblichen Gesetze und Verordnungen einzuhalten, also z.B. die PangV, das UWG und die anderen Gesetze (siehe Aufstellung unter 3).

Die besonderen Gesetze
Telemediengesetz TMG

Es gibt aber auch einige besondere gesetzliche Regelungen die beachtet werden müssen. So schreibt das Telemediengesetz in § 5 vor, dass der Anbieter seinen Namen, Anschrift und gegebenenfalls Vertretungsberechte nennen muss, weitere Pflichtangaben – wie beim Briefbogen, Fax oder E-Mail – sind die vollständigen Handelsregisterangaben, E-Mail-Adresse sowie Telefon- und Faxnummer. Weiter muss die Aufsichtsbehörde (MaBV/§ 34c GewO) genannt werden. Diese Angaben sollten auf einer Seite zusammengefasst werden, die über einen ständig und gut sichtbaren Link/Button in der Navigationsleiste von jeder Seite dann direkt aufrufbar ist. Diese Angaben müssen z.B. auch in den Immobilienportalen gemacht werden.

Pflichtangaben auf der Homepage und in den Immobilienportalen gem. TMG

Seit März 2007 gilt der § 5 Telemediengesetz TMG (früher § 6 TDG). Viele Firmen weisen dabei auch noch immer auf das alte TDG und § 6 hin, richtig ist aber jetzt der „§ 5 TMG Telemediengesetz". Das dürfte zwar kaum für eine Abmahnung reichen, eine Änderung deutet aber auf eine besondere Aktualität hin und könnte die Abmahngefahr senken. Demnach sind bestimmte Informationen über die Identität des Seitenbetreibers/Telediensteanbieters erforderlich. Diese müssen – wie der BGH in einer Entscheidung vom 20.07.2006 (Az. I ZR 228/03) klarstellt – nicht gleich auf der Eingangsseite stehen oder auf allen Seiten sichtbar sein. Es reicht demnach, wenn Sie über einen Link von jeder Seite aus aufrufbar sind. Dieser Link sollte möglichst gut sichtbar in der Navigationsleiste untergebracht werden und nicht erst nach scrollen des Bildschirminhalts am unteren Bildschirmrand auftauchen, so das OLG Frankfurt vom 04.12.2008 (Az.U 187/07). Das Gesetz fordert – leicht erkennbar, unmittelbar erreichbar und ständig verfügbar – die nachfolgenden Angaben auf der Homepage:

1. **Namen und Anschrift, bei juristischen Personen Rechtsform und Vertretungsberechtigte**
   Beispiel 1: Der Makler Max Muster (Gewerbetreibender, nicht im Handelsregister eingetragen) muss Max Muster als Namen und Immobilien als Hinweis auf das ausgeübte Gewerbe verwenden.
   Beispiel 2: Muster Immobilien GmbH muss neben dem Namen Muster Immobilien GmbH auch den oder die Geschäftsführer namentlich nennen und die Angaben zum Handelsregister (s.u.).

2. **Angaben, die eine schnelle elektronische Kontaktaufnahme und unmittelbare Kommunikation ermöglichen, einschließlich der Adresse der elektronischen Post**
   Das sind Telefon- und Faxnummer und die E-Mail-Adresse
3. **Angaben zur zuständigen Aufsichtsbehörde, soweit der Teledienst im Rahmen einer Tätigkeit angeboten oder erbracht wird, die der behördlichen Zulassung bedarf**
   Damit sind Angaben zur Aufsichtsbehörde (unterschiedliche Namen je nach Bundesland: Ordnungs-, Gewerbe- oder Wirtschaftsamt, aber auch noch andere Bezeichnungen) nach § 16 MaBV und § 34 c GewO gemeint, eine Angabe könnte so aussehen:
   Beispiel: Aufsichtsbehörde (§ 16 MaBV/§ 34 c GewO):
   Stadt Köln, Ordnungsamt, PF 22222, 12345 Köln
   Es muss immer die aktuell zuständige Behörde angegeben werden, ob die Adresse angegeben werden muss ist strittig, ein Urteil ist nicht bekannt, schadet aber nicht.
4. **Angaben zum Handelsregister und die Registernummer**
   Beispiel: AG Köln, HRB 12345
5. **Umsatzsteueridentifikationsnummer (falls vorhanden)**
   Beispiel: USt-IdNr. DE 123456789

Unternehmen bekommen für den grenzüberschreitenden Waren- und Dienstleistungsverkehr auf Antrag die Umsatzsteuer-Identifikationsnummer, es ist also nicht die normale Steuernummer des Gewerbebetriebes beim Finanzamt. Diese Pflichtangaben fasst man am besten auf einer Seite zusammen, die über einen auf jeder Seite Button/Link (z.B. in der Navigationsleiste) erreichbar ist. Bezeichnet werden sollte dieser mit einer der folgenden Begriffe:
Impressum / Kontakt / Pflichtangaben §5 TMG/Wir über uns

Es ist also nicht erforderlich, dass diese Angaben ständig sichtbar sind, der Leser muss sie nur immer erreichen, leicht finden und gut lesen können.
Sollten die erforderlichen Angaben noch nicht auf der Homepage sein, sollte dies umgehend geändert werden. Beispiele für den notwendigen Inhalt finden Sie auch in der Übersicht im Teil 6.

Pflichtangaben im Geschäftsverkehr

Seit 1. Januar 2007 gilt das Gesetz über elektronische Handels- und Genossenschaftsregister sowie Unternehmensregister. Dieses stellt klar, dass die auch bisher im geschäftlichen Verkehr erforderlichen Angaben auf Geschäftsbriefen auch im Fax- und E-Mailverkehr gelten. Die speziellen Angaben sind z.B. in der GewO, im HGB und GmbHG und dem Aktiengesetz festgelegt. So muss der Gewerbetreibende neben seinem Nachnamen mindestens mit einem ausgeschriebenen Vornamen und der vollständigen Anschrift des Gewerbebetriebes benutzen. Für die Firmen mit einer Eintragung im Handelsregister kommen die Angaben zum Handelsregister dazu und die Kapitalgesellschaften müssen zusätzlich die Vertretungsberechtigten nennen. Ausgenommen von diesen Pflichten sind nur interne Rundschreiben und Mitteilungen.

BGB Fernabsatzrechtliche Regeln

Noch weiter gehen die Regelungen im BGB (§§ 312 b – 312 f, ehemals Gesetz über Fernabsatzverträge und andere Fragen des Verbraucherrechts). Neben den Identitätsangaben werden Angaben verlangt, wann ein Vertrag zustande kommt und ein Hinweis auf ein Widerrufsrecht (§ 2 und 3). Dies kann beim Vertragsabschluss (Maklervertrag) eine Rolle spielen, wenn der Kontakt nur über die Homepage oder nur per Telefon zustande kommt und kein schriftlicher Vertrag mit den Kunden gemacht wird, sondern nur ein stillschweigender Vertragsabschluss durch konkludentes Handeln zustande kommt.

Besondere Probleme

Stadtpläne, Landkarten, Fotos und Texte

Ein weiteres Problem stellen Stadtplanausschnitte dar. Zur Lagebeschreibung einer Immobilie verwenden viele Firmen auf der Homepage einen Stadtplanausschnitt. Dieser stammt häufig aus Angeboten im Internet, z.B. als Link von Stadtplanverlagen. Manche Firmen scannen aber auch Stadtpläne ein und stellen diese Kartenausschnitte dann ins Internet. Das Problem dabei ist, dass diese Karten nicht kostenfrei zu nutzen sind, sondern dem Urheberschutz unterliegen. Die Nutzung solcher Karten erfordert den Abschluss einer Lizenzvereinbarung mit dem jeweiligen Verlag und damit die Zahlung einer Lizenzgebühr. Weder eingescannte Kartenausschnitte noch Verlinkungen sind in der Regel für Gewerbetreibende kostenfrei.

In den letzten Jahren haben die Abmahnungen wegen dieser Verstöße gegen das Urhe-berrecht stark zugenommen. Von rund 10.500 ausgewerteten Abmahnungen aus dem Bereich „Internet" betrafen rund 20% Urheberrechtsverstöße (Stand Ende Juli 2010). Dabei geht es schnell um Beträge von einigen tausend Euro Lizenzgebühr und Abmahnkosten. Die höchste Forderung gegen ein Immobilienunternehmen belief sich auf rund 53.000 Euro. Alle Unternehmen sollten deshalb umgehend solche unlizensierten Karten aus dem eigenen Internetauftritt dauerhaft entfernen – also die Dateien löschen – und auch Archivseiten nicht vergessen. Im Internet sind solche Dateien leicht zu finden. Dazu gehören auch entsprechende Archivseiten. Das Löschen sollte nachvollziehbar dokumentiert werden. Kommt dann doch eine Abmahnung, hat man zumindest bessere Chancen bei der Abwehr solcher Ansprüche.

Um es deutlich zu sagen, die unberechtigte Nutzung solcher Stadtpläne oder Landkarten ist ein klarer Verstoß gegen das Urheberrecht und deshalb auch verfolgbar. Die Abmahnungen sind deshalb prinzipiell berechtigt. Die Frage ist aber, ob es auf diesem Weg sein muss. Die Verlage sind – wie einige zeigen – in der Lage selber entsprechende Abmahnungen zu fertigen und Lizenzverträge und Gebühren einzufordern. Inwieweit dann aber die Einschaltung von Anwälten mit teilweise sehr hohen Kostenforderungen erforderlich sind, ist in der Rechtsprechung umstritten. Das OLG Düsseldorf hat in einem vergleichbaren Fall gegen die Zahlung von Anwaltsgebühren entschieden (OLG Düsseldorf vom 20.02.2001, Az. 20 U 194/00).

Diese Verstöße gibt es nicht nur für Stadtpläne, Kartenausschnitte oder Luftbildern von Google, sondern auch für fremde Fotos und Texte, die für die eigene Webseite gerne übernommen werden. Das Medium Internet verlangt umfangreiche Informationen und da nicht jeder ein guter Texter oder Fotograf ist, versucht man die entsprechenden Inhalte woanders zu finden. Auch dies ist im Internet problemlos machbar, aber mit den bekannten Folgen. Eine unberechtigte Nutzung zieht häufig eine berechtigte Abmahnung nach sich.

Es muss immer mit dem Urheber bzw. Rechteinhaber Kontakt aufgenommen und Vereinbarungen über eine Nutzung getroffen werden. Unterbleibt dies, liegt ein Urheberrechtsverstoß vor und die Folgen daraus können sehr teuer sein. Häufig ist mit solchen Verstößen die Zahlung von vier- bis fünfstelligen Beträgen fällig. Urheberrechtsverstöße können in bestimmten Fällen auch strafrechtlich relevant sein.

Immobilien in anderen Datenbanken/Immobilienportalen

Manche Firmen nutzen die Dienste von anderen Datenbanken, ImmobilienScout24, Immonet, IVD-Datenbank, Immowelt, Immopool oder andere. Auch hier ist wichtig, dass die wettbewerbsrechtlichen Regeln eingehalten werden. Nicht immer sind die Datenbanken fehlerfrei. So kann z.B. bei Mietwohnungsangeboten beim einzelnen Objekt der Hinweis auf die Betriebskosten bei der Miete vorhanden sein, bei der Übersichtsliste aber fehlen, und schon ist ein wettbewerbswidriger Inhalt entstanden. Teilweise werden die erforderlichen Angaben für das Impressum nicht übertragen und es ist auf der anderen Datenbank dann kein, oder nur ein unvollständiges Impressum vorhanden. Hier muss der Gewerbetreibende die Datenbank genau prüfen und schriftlich auf Änderungen bestehen. Kann oder will der Datenbankbetreiber die erforderliche Änderung nicht machen, sollte man von der Einstellung der Objekte absehen, da sonst schnell eine Abmahnung ins Haus kommt.

Besondere Probleme im Internet

Fehler im Internet lassen sich mit Suchmaschinen leicht finden. Es gibt zahlreiche Beispiele für Massenabmahnungen über das Internet aus den letzten Jahren. Eine Zeitung musste der Abmahner noch aufwendig lesen, im Internet wird ihm diese Arbeit durch Suchmaschinen oder spezielle Programme abgenommen. Deshalb sind ohne Arbeitsaufwand problemlos große Abmahnaktionen durchführbar. Aus diesem Grund ist im Internet besondere Vorsicht angebracht.

Aber es gibt weitere Probleme. Die Seiten werden – technisch bedingt – mehrfach auf verschiedenen Servern abgelegt, dies geschieht automatisch ohne Einflussmöglichkeiten. Sie können deshalb nicht sicher sein, dass die Änderungen – nach Feststellung eines Fehlers – kurzfristig überall wirksam sind. Auf so genannten Archivseiten bei Suchmaschinen ist der alte Inhalt für eine Weile noch abrufbar.

Es sind z.B. auch Seiten – also Dateien – über die Eingabe der speziellen URL (Dateiname) aufrufbar, die noch auf dem Server sind, statt tatsächlich nach einer Abmahnung gelöscht worden zu sein. Ist die wettbewerbswidrige Datei noch vorhanden, kann nach Abgabe einer Unterlassungserklärung dann eine Vertragsstrafe fällig werden. Dies obwohl sie davon ausgegangen sind, dass dieser fehlerhafte Inhalt im Netz nicht mehr „körperlich" existent ist. Solche Fälle häufen sich in der letzten Zeit besonders bei Urheberrechtsverstößen, also Stadtplanausschnitten u.Ä.
Bisher hat die Rechtsprechung nur unzulänglich auf diese Probleme reagiert. Es ist desalb wichtig, dass der Gewerbetreibende selber solche Probleme erkennt und behebt.

Wichtig ist, dass der Gewerbetreibende immer auf dem aktuellen gesetzlichen Stand ist. Im Internet finden sich immer die neuen Gesetze, die Berufsverbände und die Industrie- und Handelskammern weisen auf Gesetzesänderungen hin. Die Umsetzung muss dann aber der Gewerbetreibende bei seinem Webmaster veranlassen. Es gilt das gleiche wie bei den Printmedien: Veranlassen Sie erforderliche Änderungen schriftlich und kontrollieren Sie das Ergebnis.

Dienstleistungs-Informationspflichten-Verordnung – DL-InfoV

Die DL-InfoV verlangt vom „Dienstleister" ab dem 17. Mai 2010 allen Kunden bestimmte Informationen vor einem Vertragsschluss mitzuteilen bzw. dem Kunden die Möglichkeit zur Kenntnisnahme zu geben. Ein Verstoß gegen die Informationspflichten wäre gemäß §§ 4 Nr. 11 und 5 a Abs. 4. abmahnbar. Der Gesetzgeber ermöglicht dem Dienstleister die erforderlichen Informationen auf vier verschiedenen – teilweise gefährlichen und teilweise ungefährlichen – Wegen dem Kunden zukommen zu lassen, siehe „Die vier möglichen Informationswege".

Pflichtangaben des Maklers oder Bauträgers

Folgende Informationen muss – soweit sie einschlägig sind – der Gewerbetreibende dem Kunden mitteilen:

1. Seinen Familien- und Vornamen, bei rechtsfähigen Personengesellschaften und juristischen Personen die Firma unter Angabe der Rechtsform,
2. die Anschrift seiner Niederlassung oder, sofern keine Niederlassung besteht, eine ladungsfähige Anschrift sowie weitere Angaben, die es dem Dienstleistungsempfänger ermöglichen, schnell und unmittelbar mit ihm in Kontakt zu treten, insbesondere eine Telefon-, Faxnummer und eine E-Mail-Adresse,
3. falls er in ein solches eingetragen ist, das Handelsregister unter Angabe des Registergerichts und der Registernummer,
4. bei erlaubnispflichtigen Tätigkeiten Name und Anschrift der zuständigen Behörde oder der einheitlichen Stelle,
5. falls er eine Umsatzsteuer-Identifikationsnummer nach § 27 a des Umsatzsteuergesetzes besitzt, die Nummer,
6. die von ihm gegebenenfalls verwendeten allgemeinen Geschäftsbedingungen,
7. von ihm gegebenenfalls verwendete Vertragsklauseln über das auf den Vertrag anwendbare Recht oder über den Gerichtsstand,
8. falls eine Berufshaftpflichtversicherung besteht, Angaben zu dieser, insbesondere den Namen und die Anschrift des Versicherers und den räumlichen Geltungsbereich.

Pflichtangaben des Hausverwalters ohne Genehmigung nach § 34 c GewO

Folgende Informationen muss – soweit sie einschlägig sind – der Gewerbetreibende dem Kunden mitteilen:

1. Seinen Familien- und Vornamen, bei rechtsfähigen Personengesellschaften und juristischen Personen die Firma unter Angabe der Rechtsform,
2. die Anschrift seiner Niederlassung oder, sofern keine Niederlassung besteht, eine ladungsfähige Anschrift sowie weitere Angaben, die es dem Dienstleistungsempfänger ermöglichen, schnell und unmittelbar mit ihm in Kontakt zu treten, insbesondere eine Telefonnummer und eine E-Mail-Adresse oder Faxnummer,

3. falls er in ein solches eingetragen ist, das Handelsregister unter Angabe des Registergerichts und der Registernummer,
4. falls er eine Umsatzsteuer-Identifikationsnummer nach § 27 a des Umsatzsteuergesetzes besitzt, die Nummer,
5. die von ihm gegebenenfalls verwendeten allgemeinen Geschäftsbedingungen,
6. von ihm gegebenenfalls verwendete Vertragsklauseln über das auf den Vertrag anwendbare Recht oder über den Gerichtsstand,
7. falls eine Berufshaftpflichtversicherung besteht, Angaben zu dieser, insbesondere den Namen und die Anschrift des Versicherers und den räumlichen Geltungsbereich.

Die vier möglichen Informationswege

Der Dienstleister kann die Informationen wahlweise
1. dem Kunden direkt nach dem Erstkontakt mitteilen,
2. am Ort der Leistungserbringung oder des Vertragsschlusses so vorzuhalten, dass sie dem Kunden leicht zugänglich sind,
3. dem Kunden über eine von ihm angegebene Adresse elektronisch leicht zugänglich zu machen oder
4. in allen von ihm dem Kunden zur Verfügung gestellten ausführlichen Informationsunterlagen über die angebotene Dienstleistung aufnehmen.

Besonders zu empfehlen ist die Bereithaltung als Aushang im Geschäftslokal. Problematisch ist die Bereithaltung im Internet, da z. B. Fehler in den Allgemeinen Geschäftsbedingungen leicht gefunden und abgemahnt werden können. Alternativ zum Aushang in den Geschäftsräumen bleibt die Übersendung auf dem Postweg.

3 Die wichtigsten Gesetze und Bestimmungen

Das UWG

Im 1. Kapitel sind schon einige Ausführungen zum neuen UWG enthalten, hier soll jetzt etwas detaillierter das Gesetz und die Auswirkungen für die Immobilienwirtschaft beleuchtet werden. Die für den Immobilienbereich wichtigen Paragraphen sollen hier kurz vorgestellt werden. Da das neue UWG weitgehend eine Umsetzung der bisherigen und derzeitigen Rechtsprechung ist, wird es in vielen Bereichen keine großartigen Änderungen für die Immobilienwirtschaft geben, manche werden sich erst mit der Zeit durch eine geänderte Rechtsprechung ergeben.

§§ 1–7 UWG Allgemeine Bestimmungen

§ 1 Zweck des Gesetzes

Hier bestimmt der Gesetzgeber dass das UWG dem Schutz der Mitbewerber, Verbraucherinnen und Verbraucher und sonstiger Marktteilnehmer und der Allgemeinheit dient. Aus dem alten Schutzgesetz für den Gewerbetreibenden wird damit ein Schutzgesetz für alle gesellschaftlichen Gruppen.

§ 2 Definitionen

Das Gesetz enthält in § 2 Abs. 1 Definitionen, mit denen relativ genaue Vorgaben gemacht werden. Dies ist u.a. besonders im Immobilienbereich für den Punkt 3 „Mitbewerber“ relevant. Der z.B. nur lokal tätige Münchner Bauträger ist kein Mitbewerber eines lokal tätigen Hamburger Maklers und kann dann keine Unterlassungsansprüche aus dem UWG geltend machen. Das ist vielleicht die wichtigste Änderung des UWG für die Immobilienunternehmen. Doch betrachten wir die Definitionen im Einzelnen:

1. **Geschäftliche Handlung:** Jedes Verhalten einer Person zugunsten des eigenen oder eines fremden Unternehmens vor, bei oder nach einem Geschäftsabschluss, dass mit der Förderung des Absatzes oder des Bezugs von Waren oder Dienstleistungen oder mit dem Abschluss oder der Durchführung eines Vertrages über Waren oder Dienstleistungen objektiv zusammenhängt; als Waren gelten auch Grundstücke, als Dienstleistungen auch Rechte und Verpflichtungen;
2. **Marktteilnehmer:** Neben Mitbewerber und Verbraucher alle Personen, die als Anbieter oder Nachfrager von Waren oder Dienstleistungen tätig sind;
3. **Mitbewerber:** Jeder Unternehmer, der mit einem oder mehreren Unternehmern ... in einem konkreten Wettbewerbsverhältnis steht;
4. **Nachricht:** Jede Information, die zwischen einer endlichen Zahl von Beteiligten über einen öffentlich zugänglichen elektronischen Kommunikationsdienst ausgetauscht oder weitergeleitet wird....
5. **Verhaltenskodex:** Vereinbarungen oder Vorschriften über das Verhalten von Unternehmen, zu welchem diese sich in Bezug auf Wirtschaftszweige oder einzelne geschäftliche Handlungen verpflichtet haben, ohne dass sich solche Verpflichtungen aus Gesetzes- oder Verwaltungsvorschriften ergeben;

6. Unternehmer: Jede natürliche oder juristische Person, die geschäftliche Handlungen im Rahmen ihrer gewerblichen, handwerklichen oder beruflichen Tätigkeit vornimmt, und jede Person, die im Namen oder Auftrag einer solchen Person handelt;
7. Fachliche Sorgfalt: Der Standard an Fachkenntnissen und Sorgfalt, von dem billigerweise angenommen werden kann, dass ein Unternehmer ihn in seinem Tätigkeitsbereich gegenüber Verbrauchern nach Treu und Glauben unter Berücksichtigung der Marktgepflogenheiten einhält.

Zum Verbraucher wird dann im 2. Absatz einfach auf § 13 BGB verwiesen.

§ 3 Abs. 1 Verbot unlauterer geschäftlichen Handlungen (Generalklausel)

Der § 3 Abs. 1 lautet:
„Unlautere geschäftliche Handlungen, die geeignet sind, die Interessen von Mitbewerbern, Verbrauchern oder sonstigen Marktteilnehmern spürbar zu beeinträchtigen sind unzulässig."

Dies ist die neu gefasste Generalklausel. Sie erklärt unlautere geschäftlichen Handlungen für unzulässig. Unzulässig ist sie aber nur dann, wenn diese Handlung geeignet ist die Interessen spürbar zu beeinträchtigen. Das ist der „alte" Bagatellverstoß. Im Immobilienbereich hat der BGH z. B. manche Verstöße gegen die Preisangabenverordnung hier angesiedelt. Der fehlende Endpreis bei Nennung des m^2-Preises und der Größe eines Grundstücks wäre ein solcher Bagatellverstoß, der demnach nicht verfolgbar wäre. Problematisch ist aber die Nennung eines m^2-Preises für Eigentumswohnungen ohne Größenangaben um die Endpreise ermitteln zu können. Hier bleibt aber ein weiter Bereich den Richtern vorbehalten zu klären, was geeignet ist, zu einer spürbaren Beeinträchtigung von Interessen zu führen.

Der § 3 Abs. 2 lautet:
„Geschäftliche Handlungen gegenüber Verbrauchern sind jedenfalls dann unzulässig, wenn sie nicht der für den Unternehmer geltenden fachlichen Sorgfalt entsprechen und dazu geeignet sind, die Fähigkeit des Verbrauchers sich auf Grund von Informationen zu entscheiden, spürbar zu beeinträchtigen und ihn damit zu einer geschäftlichen Entscheidung zu veranlassen, die er andernfalls nicht getroffen hätte."

Dabei wird zum einen auf den durchschnittlichen Verbraucher abgestellt, bzw. auf ein durchschnittliches Mitglied einer besonders angesprochenen Gruppe, z. B. Kinder.

Der § 3 Abs. 3 lautet:
„Die im Anhang dieses Gesetzes aufgeführten geschäftlichen Handlungen gegenüber Verbrauchern sind stets unzulässig."

Hier wird auf die so genannte „Schwarze Liste" aus der EU-Richtlinie über „Unlautere Geschäftspraktiken" (UGP-Richtlinie) verwiesen. Sie enthält im UWG 30 verschiedene Tatbestände, die stets unlautere geschäftliche Handlungen darstellen. Für den Immobilienbereich könnten das schwerpunktmäßig die Nummern 1, 2, 9, 11 und 23 sein.

§4 Beispiele unlauteren Wettbewerbs

Der Gesetzgeber hat mit einer katalogartigen Aufzählung Beispiele für unlautere geschäftliche Handlungen ins Gesetz aufgenommen. Die ersten 6 Punkte betreffen Beispiele wo Verbraucher direkt betroffen sind. Für den Immobilienbereich sind davon – wenn überhaupt – nur die Punkte 4 bis 6 relevant. Die Punkte 7 bis 11 betreffen das Verhalten gegenüber Mitbewerbern.

Bei **Punkt 4** geht es z.B. um unklare Bedingungen für Preisnachlässe, Zugaben oder Geschenke. Damit sind z.B. Fälle gemeint, wo der Verbraucher ihm unbekannte Bedingungen zusätzlich erfüllen muss, um in den Genuss von Preisnachlass, Geschenk oder Zugabe zu kommen oder den Wert der Zugabe oder des Geschenks nicht so ohne weiteres feststellen kann. Wenn beim Kauf eines Hauses ein Auto als Zugabe gewährt wird, muss der jeweilige Einzelpreis leicht ermittelbar sein, ist er das nicht, läge ein Fall von unlauterem Wettbewerb vor. Auch ein kompliziertes Bonussystem statt eines festen Rabatts wäre ein solcher Fall.

Bei **Punkt 5** geht es um Unklarheiten von Teilnahmebedingungen bei Preisausschreiben und Gewinnspielen. Ein Beispiel wäre das Verschweigen von wesentlichen Teilnahmebedingungen, z.B. ein nicht genannter Teilnahmeschluss.

Bei **Punkt 6** geht es um die Koppelung von Preisausschreiben und dem Erwerb einer Ware. Ein Beispiel wäre ein Preisausschreiben eines Maklers zur Büroeröffnung wenn die Teilnahme aber vom Ankauf einer Immobilie abhängig wäre.

Bei **Punkt 7** geht es um Rufschädigung (alle Häuser von Bauträger XY sind Bruchbuden),
bei **Punkt 8** um das Anschwärzen (Makler Z hat doch schon 3 Pleiten hingelegt),
bei **Punkt 9** um den so genannten „Ergänzenden Leistungsschutz“, dazu zählt u.a. die Rufausbeutung (das imitierte Hufhaus oder die falsche Luxusmarkenuhr) und
bei **Punkt 10** um den Behinderungswettbewerb. Dazu zählt zum Beispiel das Abwerben von Mitarbeitern oder das Abfangen von Kunden.

Wichtiger wird aber – wie bisher im Immobilienbereich – der **Punkt 11**: „Unlauter handelt, wer einer gesetzlichen Vorschrift zuwider handelt, die auch dazu bestimmt ist, im Interesse der Marktteilnehmer das Marktverhalten zu regeln.“ Hierunter fallen z.B. Verstöße gegen das Rechts- oder Steuerberatungsgesetz, aber auch Verstöße gegen die Sonn- und Feiertagsgesetze (Sonntagsarbeit), soweit nicht Ausnahmeregelungen, wie in den Bedarfsgewerbeverordnungen der meisten Bundesländer, Sonntagsarbeit in begrenztem Umfang für den Immobilienbereich ausdrücklich zulassen. Aber auch Verstöße gegen die Preisangabenverordnung oder die MaBV sind hier einzuordnen.

§5 Irreführende geschäftliche Handlung/§5a Irreführung durch Unterlassen

Der §5 Irreführende geschäftliche Handlung lautet:

„Unlauter handelt, wer eine irreführende geschäftliche Handlung vornimmt. Eine geschäftliche Handlung ist irreführend, wenn sie unwahre Angaben enthält oder sonstige zur Täuschung geeignete Angaben über folgende Umstände enthält: ...“

Es folgt dann eine Aufzählung verschiedener Angaben, die können z.B. sein:

- wesentliche Merkmale der Ware oder Dienstleistung wie Art, Ausführung, Vorteile, Risiken, Zusammensetzung, Zubehör, Zeitpunkt der Herstellung (Baujahr), Zwecktauglichkeit (Nutzungsmöglichkeit),
- Anlass des Verkaufs wie das Vorhandensein eines besonderen Preisvorteils, den Preis oder die Art und Weise, wie er berechnet wird,
- die Person, Eigenschaften oder Rechte des Unternehmers wie Identität, Vermögen einschließlich der Rechte des geistigen Eigentums, den Umfang von Verpflichtungen, Befähigung, Zulassung, Mitgliedschaften oder Beziehungen, Auszeichnungen oder Ehrungen, Beweggründe für die geschäftliche Handlung,
- Aussagen oder Symbole, die sich auf eine Zulassung des Unternehmers oder der Waren oder Dienstleistungen beziehen,
- die Einhaltung eines Verhaltenskodexes (Wettbewerbs- und Standesregeln), auf den sich der Unternehmer verbindlich verpflichtet hat, wenn er auf diese Bindung hinweist.

Eine Irreführende geschäftliche Handlung liegt immer vor, wenn von einem nicht ganz unbeachtlichen Teil der Angesprochenen die Aussagen missverstanden werden können. Es ist immer noch ein Anteil von 5–15% ausreichend für eine Irreführung. Maßgeblich ist immer der Eindruck, der bei den Angesprochenen entsteht und nicht was der so Werbende damit gemeint hat. Allerdings kommt es heute auf den verständigen, aufmerksamen und durchschnittlich informierten Verbraucher an und nicht mehr – wie in der Vergangenheit – auf den „dummen“ oder „flüchtig lesenden“ und „unwissenden“ Verbraucher.

Unzulässig sind alle unwahren Aussagen und wahre Aussagen, wenn Sie falsch verstanden werden können (ein klassischer Fall war die Sonder-AfA Werbung). Dies gilt auch für unvollständige Angaben, die für eine Entscheidung aber erforderlich sind (das ist z.B. die Werbung mit dem monatlichen Aufwand ohne Nennung aller Berechnungsgrundlagen). Weiter gehört die Blickfangwerbung und die Werbung mit Selbstverständlichkeiten dazu. Ein solcher Blickfang könnte ein günstiger m²-Preis für eine Dachgeschosswohnung sein, während aber in der Anzeige nur mehrere Erdgeschosswohnungen mit Gartenanteil mit einem höheren m²-Preis angeboten werden ohne Hinweis auf den dafür fällig werdenden höheren Preis oder die Nennung das Nominalzins für eine Finanzierung.

Eine Werbung mit Selbstverständlichkeiten wäre beim Makler der Hinweis auf die Gewerbeerlaubnis nach § 34c GewO als besonderes Firmenmerkmal, da jeder Makler diese Genehmigung benötigt und dies damit kein besonderes Merkmal darstellt. Auch der Hinweis auf im Preis enthaltene Umsatzsteuer in der Printwerbung stellt eine solche Werbung dar. Allerdings muss man hier speziell beachten, dass bei Preisangaben im Fernabsatz – z.B. im Internet – nach § 1 Abs. 2 PAngV sogar ausdrücklich der Hinweis erforderlich ist, dass im Preis, das wäre z.B. die Maklerprovision, die Umsatzsteuer enthalten ist.

Der § 5a Abs. 1 lautet:
„Bei der Beurteilung, ob das Verschweigen einer Tatsache irreführend ist, sind insbesondere deren Bedeutung für die geschäftliche Entscheidung nach der Verkehrsauffassung sowie die Eignung des Verschweigens zur Beeinflussung der Entscheidung zu berücksichtigen.“

Damit ist eine gewisse Wesentlichkeitsschwelle eingeführt, also nicht jedes Verschweigen einer Tatsache ist irreführend, sondern es muss eine gewisse Bedeutung für die Entscheidungsfähigkeit vorliegen. Was das genau für den Immobilienbereich bedeutet, kann zur Zeit noch nicht gesagt werden. Hier ist die Rechtsprechung abzuwarten, aber was in der Vergangenheit schon irreführend war, wird auch Heute noch gelten. Dieser Absatz 1 gilt für den Geschäftsverkehr mit den Verbrauchern aber auch für den geschäftlichen Verkehr mit Unternehmern, während die dann folgenden Absätze 2, 3 und 4 nur den Geschäftsverkehr mit Verbrauchern berühren.

Der § 5 a Abs. 2 lautet:
„Unlauter handelt, wer die Entscheidungsfähigkeit von Verbrauchern im Sinne des § 3 Abs. 2 dadurch beeinflusst, dass er eine Information vorenthält, die im konkreten Fall unter Berücksichtigung aller Umstände einschließlich der Beschränkung des Kommunikationsmittels wesentlich ist."
Hier geht es um die Beeinflussung der Entscheidungsmöglichkeit durch Vorenthaltung von entscheidungsrelevanten Informationen. Das können im Immobilienbereich z. B. besonders belastete Lagen durch Verkehrslärm oder andere Umwelteinflüsse oder gesundheitsschädliche Baumaterialien sein. Der schon klassische Fall ist der fehlende Hinweis auf die Vermietung bei sonst typischen Selbstnutzerimmobilien. Denkbar wäre auch das Verschweigen einer besonders hohen Innenprovision des Maklers. Möglicherweise sind es aber auch Kriterien des Immobilieneigentümers für die Auswahl der neuen Mieter oder Käufer. Auch hier wird die Rechtsprechung erst in den nächsten Jahren für Klarheit sorgen.

Der § 5 a Abs. 3 lautet:
„Werden Waren oder Dienstleistungen unter Hinweis auf deren Merkmale und Preis in einer dem verwendeten Kommunikationsmittel angemessenen Weise so angeboten, dass ein durchschnittlicher Verbraucher das Geschäft abschließen kann, gelten folgende Informationen als wesentlich im Sinne des Absatzes 2, sofern sie sich nicht unmittelbar aus den Umständen ergeben:
1. alle wesentlichen Merkmale der Ware oder Dienstleistung in dem dieser und dem verwendeten Kommunikationsmittel angemessenen Umfang;
2. die Identität und Anschrift des Unternehmers, gegebenenfalls die Identität und Anschrift des Unternehmers, für den er handelt;
3. der Endpreis oder in Fällen, in denen ein solcher Preis auf Grund der Beschaffenheit der Ware oder Dienstleistung nicht im Voraus berechnet werden kann, die Art der Preisberechnung sowie gegebenenfalls alle zusätzlichen Fracht-, Liefer- und Zustellkosten oder in Fällen, in denen diese Kosten nicht im Voraus berechnet werden können, die Tatsache, dass solche zusätzlichen Kosten anfallen können;
4. Zahlungs-, Liefer- und Leistungsbedingungen sowie Verfahren zum Umgang mit Beschwerden, soweit sie von Erfordernissen der fachlichen Sorgfalt abweichen, und
5. das Bestehen eines Rechts zum Rücktritt oder Widerruf."

Der § 5 a Abs. 3 nennt einige wesentliche Informationen, die zwar noch nicht bei einer Imagewerbung, aber bei einer konkreten Produktwerbung dem Kunden mitgeteilt werden müssen. Das könnten bei Immobilienmakler die Provisionsforderungen sein, aber auch der „richtige" Name des Maklers. Ob auch Angaben z. B. zur Höhe der Grunderwerbsteuer oder Notar- und Gerichtskosten darunter fallen, ist noch nicht klar. Bei einer Immobilie auf einem Erbbaugrundstück gehören aber sicher die Konditionen des Erbbaurechtsvertrages dazu. Bei Baugrundstücken könnten es genauere Aussagen zur Bebaubarkeit oder zur Höhe von Erschließungskosten sein.

Der Absatz 4 lautet:
„Als wesentlich im Sinne des Absatzes 2 gelten auch Informationen, die dem Verbraucher auf Grund gemeinschaftsrechtlicher Verordnungen oder nach Rechtsvorschriften zur Umsetzung gemeinschaftsrechtlicher Richtlinien für kommerzielle Kommunikation einschließlich Werbung und Marketing nicht vorenthalten werden dürfen."
Das bedeutet für Immobilienfirmen, dass bei einer Nichtbeachtung von gemeinschaftsrechtlichen Richtlinien und daraus resultierenden deutschen Gesetzen, dass dann ein abmahnbarer Verstoß vorliegt. Damit ist eine zusätzliche Verfolgungsmöglichkeit bei einem Verstoß z.B. gegen das TMG gegeben. Es kann aber einfach auch neue Richtlinien der EU geben, die dann nach Umsetzung in deutsches Recht oder – bei einer verspätete Umsetzung in Deutschland – auch sofort zu beachten sind.

§6 Vergleichende Werbung
Grundsätzlich ist vergleichende Werbung heute erlaubt wenn bestimmte Voraussetzungen eingehalten werden. Es muss sich um wirklich vergleichbare Leistungen oder Produkte handeln und er muss objektiv sein und sich auf relevante Eigenschaften beziehen. Bisher spielt die vergleichende Werbung im Immobilienbereich keine oder nur eine extrem geringe Rolle.

§7 Unzumutbare Belästigung
Darunter fällt der gesamte Bereich der Telefon-, Telefax-, E-Mail-, Briefkastenwerbung und Vertreterbesuche. Das Gesetz unterscheidet Werbung mit „elektronischen Nachrichten" (Fax, E-Mail, SMS), Telefonwerbung und „sonstige belästigende" Werbung (Werbemittel im Briefkasten trotz Aufklebers „Keine Werbung"). Werbung ist immer dann verboten, wenn der Empfänger dies nicht wünscht (Aufkleber „Keine Werbung", Eintrag in Robinsonliste o.Ä.). Elektronische Werbung ist ausdrücklich nur mit vorheriger Einwilligung erlaubt („Opt-In-Modell"). Dies gilt so auch für die Telefonwerbung. Zu beachten ist, dass seit August 2009 verschärfte Regeln gelten. Der deutsche Gesetzgeber setzt fast immer inzwischen auf die ausdrückliche vorherige Zustimmung des Werbeempfängers.

Es gibt aber für die Werbung mit E-Mails vier Ausnahmen, die immer kumuliert vorliegen müssen, §7 Abs.3 UWG, um diesem Erfordernis zu entgehen. Eine minimale Erleichterung gibt es auch bei Anrufen bei den sogenannten „sonstigen Marktteilnehmern". Das sind Firmen, Freiberufler oder Vereine, da reicht eine „mutmaßliche Einwilligung aus, allerdings sind die Kriterien von der Rechtsprechung abhängig und deshalb ist es letztendlich besser, stets eine beweisbare Einwilligungserklärung zu haben. Im Kapitel 8 finden Sie eine nach momentaner Rechtsprechung formulierte Einwilligungserklärung. Diese kann auch als Teil eines Maklervertrages benutzt werden und auch für alle Kundenberater als Vorlage beim Telefonieren.

§§ 8–11 UWG Rechtsfolgen unlauterer Werrbung

§ 8 Beseitigung und Unterlassung

Der § 8 Abs. 1 sagt kurz und knapp: „Wer dem § 3 zuwider handelt, kann auf Beseitigung und bei Wiederholungsgefahr auf Unterlassung in Anspruch genommen werden." Der Unterlassungsanspruch – so der zweite Satz – besteht logischerweise schon, wenn eine Zuwiderhandlung droht.

Im zweiten Absatz geht es um die Haftung des Unternehmers für Mitarbeiter oder Beauftragte, d. h., der Unterlassungs- oder Beseitigungsanspruch besteht auch bei einer Handlung eines Mitarbeiters gegenüber dem Unternehmer.

In Absatz 3 ist die Anspruchsberechtigung (Klagebefugnis) geregelt. Die Beseitigungs- und Unterlassungsansprüche stehen den folgenden Gruppen zu:

1. Jedem Mitbewerber (s. Definition § 2 Abs. 3), der konkret von einer Werbemaßnahme betroffen ist. Zusätzlich besteht ein Schadenersatzanspruch gemäß § 9 UWG.
2. Rechtsfähigen Verbänden zur Förderung gewerblicher oder selbständiger beruflicher Interessen (Berufs- und Wettbewerbsverbände), soweit ihnen eine erhebliche Zahl von Unternehmen angehört ... und soweit die Zuwiderhandlung Mitgliederinteressen berührt. Zusätzlich besteht der Anspruch auf Gewinnabschöpfung gemäß § 10 UWG.
3. Qualifizierten Einrichtungen gemäß UklaG (Verbraucherverbände). Zusätzlich besteht der Anspruch auf Gewinnabschöpfung gemäß § 10 UWG.
4. Industrie- und Handelskammer und Handwerkskammern, zusätzlich besteht der Anspruch auf Gewinnabschöpfung gemäß § 10 UWG.

Gegenüber der alten Rechtslage sind die wettbewerbsrechtlichen Ansprüche beim Gewerbetreibenden auf den konkreten Mitbewerber beschränkt, der „abstrakt" betroffene Mitbewerber kann keine Ansprüche mehr aus dem UWG ableiten.

Absatz 4 enthält die unveränderte Missbrauchsregelung des alten § 13 Abs. 5 UWG a. F.

§ 9 Schadensersatz

Der Anspruch auf Schadenersatz ist verschuldensabhängig, setzt also Fahrlässigkeit oder Vorsatz voraus. Der Schadenersatz spielt wettbewerbsrechtlich gesehen im Immobilienbereich praktisch keine Rolle.

§ 10 Gewinnabschöpfung

Der neu eingeführte Anspruch auf Gewinnabschöpfung soll abschreckend wirken und setzt deshalb Vorsatz bei den Werbemaßnahmen voraus. Mitbewerber können diesen Anspruch nicht geltend machen, er ist – wie oben beschrieben – den Vereinigungen der Gewerbetreibenden und Verbrauchern gemäß § 8 Abs. 3 Nr. 2 bis 4 UWG vorbehalten. Auch der Gewinnabschöpfungsanspruch wird im Immobilienbereich eher keine Rolle spielen.

§ 11 Verjährung

Die Ansprüche auf Unterlassung, Beseitigung und Aufwendungsersatz verjähren – wie bisher – nach 6 Monaten. Die Verjährungsfrist beginnt mit dem Entstehen des Anspruchs und der Kenntnis, aber auch mit der grob fahrlässigen Unkenntnis der anspruchsbegründenden Umstände und der Person des Werbetreibenden.

Anders ist es mit dem Gewinnabschöpfungsanspruch, dieser verjährt in drei Jahren. Noch länger ist die Verjährungsfrist beim Schadenersatzanspruch, dieser verjährt erst in zehn Jahren – unabhängig von der Kenntnis der Umstände die zum Schadenersatz geführt haben – spätestens aber in 30 Jahren, gerechnet von der schädigenden Handlung an.

§§ 12–15 UWG Verfahrensvorschriften

In diesem Teil des UWG sind Abmahnung, Kosten der Abmahnung, Verfügungsverfahren, Verjährung, Gerichte und die Einigungsstellen geregelt.

§ 12 Anspruchsdurchsetzung, ..., Streitwertminderung

Abmahnung

Eine der wichtigen Änderungen des neuen UWG betrifft das Instrument der Abmahnung, diese von der Rechtsprechung entwickelte außergerichtliche Möglichkeit zur Streitbeiegung ist jetzt in das Gesetz aufgenommen worden.

§ 12 Abs. 1 Satz 1 UWG lautet:
„Die zur Geltendmachung eines Unterlassungsanspruchs Berechtigten sollen den Schuldner vor der Einleitung eines gerichtlichen Verfahrens abmahnen und ihm Gelegenheit geben, den Streit durch Abgabe einer mit einer angemessenen Vertragsstrafe bewehrten Unterlassungsverpflichtung beizulegen." Damit muss jetzt – im Gegensatz zum bisherigen Recht – immer zuerst abgemahnt werden. Damit gibt es jetzt eine klare gesetzliche Regelung für die Abmahnung und die Unterlassungserklärung, leider aber verbunden mit der jetzt auch enthaltenen Pflicht zum Aufwendungsersatz für die Kosten der Abmahnung.

Aufwendungsersatz

Der zweite und letzte Satz in diesem Absatz lautet: „Soweit die Abmahnung berechtigt ist, kann der Ersatz der erforderlichen Aufwendungen verlangt werden." Aufwendungsersatz kann also nur bei berechtigten Abmahnungen gefordert werden und ist in der Höhe auf die erforderlichen Kosten beschränkt.

Der vom BGH in den späten 60er Jahren entwickelte Aufwendungsersatz, damals eigentlich schon auf die erforderlichen Kosten beschränkt, hat in der Vergangenheit zu den umfangreichen Missbräuchen geführt, weil die Instanzengerichte in der Regel die gestellten Forderungen besonders der Höhe nach einfach bestätigten. Nur in wenigen Fällen konnte man sich erfolgreich wehren. Diese Tendenz nahm – durch Massenabmahnaktionen mit Kostenforderungen teilweise in Millionenhöhe – allerdings zu. Zwar war der Aufwendungsersatz von einigen Gerichten verneint worden – so für Vereine in Hamburg und bei zahlreichen Gerichten mit dem Hinweis auf eine umfangreiche Abmahntätigkeit des abmahnenden Mitbewerbers und der in diesen Fällen nicht erforderlichen Einschaltung eines Anwalts – ließ sich aber auch oft genug als sprudelnde Quelle für Vereine und Anwälte solcher „Wettbewerbshüter" durchsetzen. Wie sich jetzt die Neuregelung auswirken wird bleibt abzuwarten. In Verbindung mit dem neuen Rechtsanwaltsvergütungsgesetz RVG könnte es – bei gleich bleibender Tendenz der Rechtsprechung – weiter bei den Auswüchsen wie in der Vergangenheit bleiben.

Unterlassungserklärung und Kosten bei mehreren Abmahnungen

Interessant ist aber weiter die Frage der Zahlungsansprüche bei mehreren praktisch gleichzeitig geschriebenen Abmahnungen. Bei mehreren – immer unterstellt berechtigten Abmahnungen und Abmahnern – entstehen mehrere Zahlungsverpflichtungen. Allerdings mit unterschiedlicher Grundlage. Der, der die erste Abmahnung abschickt, bekommt in der Regel aus berechtigter Geschäftsführung ohne Auftrag (GOA) den Aufwendungsersatz, die anderen haben dann „nur" noch einen Schadenersatzanspruch. Das bedeutet bei mehreren berechtigten Abmahnungen muss man mehrfach zahlen. Zu prüfen bleibt dann in jedem Einzelfall ob die Höhe der geforderten Aufwendungen in Ordnung ist.

Unterlassungserklärung, eine oder mehrere Abmahnungen

Verbunden mit der Abmahnung ist die Aufforderung eine strafbewehrte Unterlassungsverpflichtungserklärung abzugeben. Die Unterlassungserklärung muss ohne Einschränkung – mit zwei Ausnahmen – erfolgen und muss eine ausreichende Vertragsstrafe zum Inhalt haben. Eine zulässige Einschränkung ist die auflösende Bedingung, wenn die vertraglich verbotene Handlung gesetzlich erlaubt oder die Zulässigkeit durch höchstrichterliche Rechtsprechung geklärt wird. Die zweite Ausnahme ist eine aufschiebende Befristung für eine vereinbarte Aufbrauchfrist.

Besonders wichtig ist eigentlich die auflösende Bedingung, da sonst selbst bei einer geänderten Rechtslage die Verpflichtung aus der Unterwerfung weiter gilt, jedenfalls bis sie gekündigt wird. Mit der auflösenden Bedingung erlischt automatisch die Unterlassungserklärung, während eine Kündigung nur in die Zukunft wirkt, also erst ab Kündigungszeitpunk wirkt. Dies ist wichtig, wenn trotz Wegfall des Verbots einer bestimmten Wettbewerbshandlung eine Vertragsstrafe angefordert wird, da nur im Fall der auflösenden Bedingung die Unterlassungserklärung gegenstandslos geworden ist und die Vertragsstrafe nicht gezahlt werden muss. Würde jetzt erst gekündigt weil keine auflösende Bedingung vereinbart war, müsste man die Vertragsstrafe noch einmal zahlen und wäre erst für die Zukunft vor weiteren Zahlungsforderungen sicher.

In manchen Fällen ist es günstiger keine Unterlassungserklärung abzugeben. Hier kann man dem Abmahner praktisch gleich „anbieten" lieber eine einstweilige Verfügung als endgültige Regelung anzuerkennen. Dieses sollte man – immer nur in Absprache mit einem Fachmann – zum Beispiel immer dann machen, wenn die abgemahnte Werbung sehr häufig gemacht wird und der Fehler leicht reproduzierbar ist. Ein klassisches Beispiel sind bestimmte Verstöße gegen das Wohnungsvermittlungsgesetz, hier der fehlende Nebenkostenhinweis. Da dies häufig, trotz fehlerfreien Manuskripts, durch die Zeitung als Fehler gemacht wird, könnte man in solchen Fällen das Verfügungsverfahren bevorzugen. Es sind aber auch andere Fälle denkbar, die aber nur im Einzelfall mit dem eingeschalteten Spezialisten – Anwalt, IHK oder Berufsverband – geklärt werden können und sollten.

Es kommt häufiger vor, dass gleich mehrere Abmahnungen gleichen Inhalts für dieselbe Werbemaßnahme kommen. Jetzt gilt zu klären, wie reagiert werden soll. Das gerade beschriebene Verfügungsverfahren ist jetzt nicht Erfolg versprechend. Hier ist fast nur die Abgabe einer Unterwerfungserklärung möglich. Es stellt sich dann aber die Frage, wer eine Unterlassungserklärung bekommt. Es reicht die Abgabe einer ernsthaften und ausreichenden Unterlassungserklärung, da damit die Unterlassungsansprüche aller Abmahner befriedigt sind. Man sollte hier einen von den Gerichten anerkannten Abmahner bevorzugen, da nur dieser die Gewähr für eine lückenlose Überwachung der abgegebenen Unterlassungserklärung für die Zukunft garantiert, so die herrschende Rechtsprechung. Es ist wenig hilfreich, eine Unterlassungserklärung einem unbekannten – aber vor Ort sitzenden – Abmahner gegenüber abzugeben. Die Gerichte haben in solchen Fällen häufig die Ernsthaftigkeit einer Unterlassungserklärung bezweifelt, mit teuren Folgen für den so agierenden Abgemahnten.
Weiter regelt der § 12 im zweiten Absatz einige von der ZPO abweichende Besonderheiten im wettbewerbsrechtlichen einstweiligen Verfügungsverfahren. Im vierten Absatz wird die Möglichkeit einer Streitwertminderung bei einfach gelagerten Fällen oder wenn die Kostenbelastung aus dem Verfahren für eine Partei wegen ihrer Vermögens- und Einkommensverhältnisse nicht tragbar erscheint, geregelt.

§ 13 Sachliche Zuständigkeit

Hier hat der Gesetzgeber festgelegt welche Gerichtsart zuständig ist. Für alle gerichtlichen Verfahren aus dem UWG ist jetzt das Landgericht zuständig. Früher konnte man bei niedrigen Streitwerten durchaus beim Amtsgericht als erste Instanz anfangen.

§ 14 Örtliche Zuständigkeit

Hier ist in Absatz 1 geregelt, dass der Geschäftssitz des beklagten Gewerbetreibenden den Gerichtsort bestimmt, es ist das für den Geschäftssitz zuständige Landgericht. Allerdings hat der Gesetzgeber im zweiten Absatz ein weiteres Gericht zugelassen, nämlich das, in dessen Bezirk die Wettbewerbshandlung vorgenommen wurde. Dies gilt allerdings nur für Klagen von Mitbewerbern. Die Regelung – der so genannte „fliegende Gerichtsstand" ist aus mehreren Gründen problematisch, einerseits kann das Rechtsprechungsgefälle ausgenutzt werden, d.h., der Abmahner kann für sich die unterschiedliche Rechtsprechung mancher Gerichte ausnutzen, andererseits aber auch durch die Technik mancher Werbemedien. Wo ist zum Beispiel eine Wettbewerbshandlung im Internet oder in einer Zeitung vorgenommen worden. Diese Frage lässt sich schon für die Zeitung nicht so einfach beantworten. Im Internet führt das dann aber zu mehr als seltsamen Ergebnissen. Da das Internet überall ist, ist theoretisch also jedes Landgericht bundesweit zuständig, jedenfalls sehen dies so die meisten Gerichte.

§ 15 Einigungsstellen

Einigungsstellenverfahren bieten eine gute Möglichkeit Wettbewerbsstreitigkeiten kostengünstig zu klären. Zweck der Einigungsstelle – die von den jeweiligen Landesregierungen bei den örtlichen Industrie- und Handelskammern eingerichtet worden sind – ist die Herbeiführung eines gütlichen Ausgleichs in Form eines Vergleichs. Es hat hier gegenüber der alten Regelung im § 27 a UWG a. F. teilweise erhebliche Änderungen gegeben.

Die Einigungstelle ist mit einem Vorsitzenden, der die Befähigung zum Richteramt haben muss, und zwei Beisitzern besetzt, sie wird auf Antrag tätig. Es braucht kein Anwalt eingeschaltet werden, es ist weitgehend gebührenfrei und es wird mündlich verhandelt. Der Vorsitzende kann das Erscheinen der Beteiligten anordnen und auch mit Ordnungsgeldern erzwingen. Über die gefundene Regelung in der Verhandlung wird ein schriftlicher Vergleich angefertigt, aus diesem kann vollstreckt werden. Durch das Einigungsverfahren wird die Verjährung unterbrochen. Das Einigungsverfahren setzt praktisch das Einverständnis beider Beteiligten voraus, da der Abmahner trotz eines Verfahrens eine einstweilige Verfügung erwirken kann, dies gilt allerdings nicht, wenn er selber das Einigungsverfahren beantragt hat.

§§ 16–19 Strafvorschriften und §§ 20–22 Schlussbestimmungen

Die restlichen Paragraphen des neuen UWG betreffen einerseits bestimmte strafbare Werbemaßnahmen, andererseits Änderungen in anderen Gesetzen – z.B. die Preisangabenverordnung und wann das UWG in Kraft tritt.

Weitere wichtige Gesetze, Verordnungen und Regeln

Hier folgt eine kurze Übersicht über weitere wichtige Gesetze, Verordnungen und sonstiger Regeln. Für den Immobilienbereich sind dies unter anderem:

PAngV Preisangabenverordnung

Hier sind besonders folgende Paragraphen wichtig:

- § 1 Grundvorschriften (Endpreis, VB, Hervorhebung Endpreis, Hinweis auf enthaltene Umsatzsteuer im Fernabsatz)
- § 6 Kredite (effektiver Jahreszins)
- § 6a Werbung für Kreditverträge (anzugeben sind: Sollzinssatz, Nettodarlehensbetrag, effektiven Jahreszins, Vertragslaufzeit, ein Beispiel und eventuell den Hinweis auf eine abzuschließende Versicherung)
- § 9 Ausnahmen (Angebote an Gewerbetreibende)

WoVermG Wohnungsvermittlungsgesetz

Hier sind besonders folgende Paragraphen wichtig:

- § 1 Begriffe (Wohnungsvermittler, Wohnräume)
- § 3 Entgelt und Auslagen (Provisionshöhe)
- § 6 Angebote, Anzeigen (Auftragsgebot, 4 Pflichtangaben: Name des Vermittlers, Vermittlereigenschaft, Nennung der Miethöhe und Hinweis ob Nebenleistungen zusätzlich zu vergüten sind)

HGB Handelsgesetzbuch

Hier sind besonders folgende Paragraphen wichtig:

- § 17 Begriff
- § 18 Kennzeichnung der Firma

§ 19 Bezeichnung als eingetragener Kaufmann, OHG oder KG
§ 37 Firmenschutz
§ 37 a Geschäftsbriefe

GewO Gewerbeordnung

Hier sind besonders folgende Paragraphen wichtig:
§ 14 Anzeigepflicht
§ 15 Empfangsbescheinigung, Betrieb ohne Zulassung
§ 15 a Anbringung von Namen und Firma
§ 15 b Namensangabe im Schriftverkehr
§ 34 c Makler, Bauträger, Baubetreuer

MaBV Makler- und Bauträgerverordnung

Hier sind besonders folgende Paragraphen wichtig:
§ 11 Informationspflicht

RDG Rechtsdienstleistungsgesetz

Hier sind besonders folgende Paragraphen wichtig:
§ 1 Erlaubnis
§ 5 Ausnahmen

StBerG Steuerberatungsgesetz

Hier sind besonders folgende Paragraphen wichtig:
§ 4

TMG Telemediengesetz

Hier sind besonders folgende Paragraphen wichtig:
§ 2 Begriffsbestimmungen
§ 5 Allgemeine Informationspflichten (Impressum)
§ 6 Informationspflichten bei kommerziellen Kommunikationen
§ 13 Pflichten des Diensteanbieters (Datenschutz)

BGB Bürgerliches Gesetzbuch

Hier sind besonders folgende Paragraphen wichtig:
§ 13 Verbraucher
§ 14 Unternemer
§§ 305–310 Gestaltung rechtsgeschäftlicher Schuldverhältnisse durch Allgemeine Geschäftsbedingungen
§§ 312 + 312 a Widerrufsrecht bei Haustürgeschäften (früher Haustürwiderrufsgesetz)
§§ 312 b–312 f Fernabsatzverträge (früher Gesetz über Fernabsatzverträge)
§ 434 Abs. 1 Sachmangel (Haftung für Werbeaussagen)

GmbH Gesetz

§ 35 a Pflichtangaben auf Geschäftsbriefen (auch Fax und E-Mail)

Sonn- und Feiertagsgesetz und Bedarfs (Bedürfnis-)gewerbeverordnungen
Das sind Gesetze und Verordnungen der jeweiligen Bundesländer mit leicht unterschiedlichen Inhalten.

EHUG Gesetz über elektronische Handelsregister und Genossenschaftsregister sowie Unternehmensregister in Verbindung mit z. B.
§ 35 a GmbH Gesetz oder
§ 15 b GewO
Hier werden die erforderlichen Angaben im Geschäftsverkehr auf Briefbögen, in Faxen und E-Mails geregelt, also Name, Anschrift, Handelsregister, Vertretungsberechtigte usw.

UrhG Gesetz über Urheberrecht und verwandte Schutzrechte
§ 2
§ 15

Wettbewerbsregeln
z. B. vom IVD

Dies ist keine abschließende Aufstellung, enthält aber einige der wichtigsten Bestimmungen die von der Immobilienbranche zu beachten sind. In Auszügen sind einige der Gesetze, Verordnungen und Regeln im Kapitel 7 abgedruckt.

4 Die Wettbewerbshüter

Allgemeines

In den Vorauflagen war an dieser Stelle eine umfangreiche Liste mit den verschiedenen Wettbewerbshütern abgedruckt. Da es aber teilweise datenschutzrechtliche Probleme gegeben hat und andererseits die Wettbewerbshüter teilweise sehr schnell kommen und gehen, wird jetzt auf eine Namensliste verzichtet. Das Internet bietet heute neben den Auskünften von IHK, Wettbewerbszentrale und der Berufsverbände – wie dem IVD – aktuellere Möglichkeiten als es dieses Buch bieten kann.

Trotzdem sollen hier noch einige Namen – besonders aus dem Mitbewerberbereich – genannt werden. Nicht um diese an den Pranger zu stellen, sondern um an diesen Beispielen zu zeigen, was es alles in diesem besonderen „Geschäftszweig Wettbewerbshüter“ gibt.

Die Mitbewerber nach § 8 Abs. 3 Nr. 1 UWG

Vielen Immobilienfirmen ist seit den achtziger Jahren des vorigen Jahrhunderts ein Exanwalt und jetzt angeblicher Bauträger aus München ein Begriff. Tausende von Abmahnungen mit immensen Gebührenforderungen sind bekannt. Dem Autor liegen alleine

seit 2001 über 3.800 Abmahnungen und Vertragsstrafeforderungen von Hans H., „Deutschlands dienstältestem Abmahner und billigster Verbraucherschützer im Immobilienbereich“ laut Eigendarstellung, vor. Die daraus resultierenden Gebührenforderungen belaufen sich alleine seit 2003 (vorher nicht erfasst) auf rund 1.087.000 Euro, unbekannt ist allerdings wie viel davon realisiert worden ist.
Das war aber nicht das, was dem Gesetzgeber beim Mitbewerber vorgeschwebt hat. Nicht der Wettbewerber der systematisch nach kleinsten Fehlern sucht, soll Ansprüche stellen dürfen, sondern der Gewerbetreibende der Nachteile in seinem Geschäft befürchten muss, soll wettbewerbsrechtliche Ansprüche stellen dürfen. Auch der Anwalt Frank G. aus Berlin mit einer gleichnamigen Dame als Mandantin, laut Telefonbuch Medizinerin und nicht Immobilienmakler, gehört in diese Kategorie und zahlreiche weitere sogenannte „Wettbewerbshüter“.

Es ist nicht immer einfach zu entscheiden, liegt ein ernsthafter Mitbewerber vor oder nicht. Häufig benötigt man umfangreiche Recherchen um sagen zu können, dieser Wettbewerbshüter darf das und jener nicht. Erfahrung, zahlreiche Informationsquellen, eine genaue Prüfung der gewerblichen Tätigkeit und manchmal einfach „ein Gefühl“ helfen dabei. Leider wird die Informationsbeschaffung durch das deutsche Datenschutzrecht nicht leichter, besonders wenn es darum geht den Umfang einer oft umfangreichen Abmahntätigkeit zu dokumentieren.

Ein besonders krasses Beispiel hat vor einigen Jahren stattgefunden als über 6.000 Domaininhaber an einem Tag eine Abmahnung bekamen. Die Gebührenforderungen beliefen sich alleine in diesem Fall auf eine sehr hohe einstellige Millionensumme. Häufig werden aber auch solche Aktionen nicht an einem Tag gemacht, sondern über einen gewissen Zeitraum verteilt. Dann wird es viel schwieriger die entsprechenden Daten zu beschaffen und für Gerichtsverfahren auszuwerten und zusammenzustellen.

Verbände und Vereine nach § 8 Abs. 3 Nr. 2 UWG

Ende 2006 tauchte ein neuer Wettbewerbsverein mit dem schönen Namen „Ehrlich währt am längsten“ auf. Er mahnte zwar nicht im Immobilienbereich ab, war aber typisch für die Kategorie der unseriösen Abmahner. Schon bei dem Namen hätte man aufmerksam sein müssen. Trotzdem gelang es dem Verein sogar bei Gericht eine einstweilige Verfügung zu bekommen und zwar genau an dem Tag, wo der Vereinsvorsitzende wegen Betrug mit der Veranstaltung von Kaffeefahrten und Abmahnungen verhaftet wurde. Im gerade abgeschlossenen Strafverfahren hat es eine empfindliche Haftstrafe ohne Bewährung gegeben. Das ist aber eine absolute Ausnahme gewesen. In der Regel kommt es ganz selten zu Strafverfahren und noch seltener zu Verurteilungen.
Das zeigt auch fast exemplarisch, was alles in Deutschland möglich ist. Solche Vereinsgründungen hat es schon im Gefängnis gegeben und vorbestrafte Betrüger oder sogar einsitzende Häftlinge tummelten sich schon im „Geschäftsfeld Abmahnwesen“. Nicht das unsere Gesetze schlecht sind, es ist die Kombination aus Regelungsdichte und „blinder Justiz“, die dieses Geschäft ermöglicht.

Auch wenn die ganz große Zeit der Vereine in diesem Bereich eher vorbei ist, es gibt immer wieder Versuche mit solchen Vereinen, die teilweise dann auch erhebliche Schäden anrichten. Der Schaden besteht ja nicht nur im finanziellen Bereich bei den Abgemahnten, weit aus schlimmer ist der Verlust der Glaubwürdigkeit des Rechtsstaates und der Justiz und damit auch der seriösen Wettbewerbshüter.
Darunter leidet dann auch die über jeden Zweifel erhabene „Zentrale zur Bekämpfung unlauteren Wettbewerbs“, auch kurz „Wettbewerbszentrale“ genannt. Mit der Hauptstelle in Bad Homburg und mehreren Zweigstellen in Deutschland ist sie die größte und älteste Selbsthilfeorganisation der Wirtschaft in diesem Bereich. Ähnlich ist in Hamburg „Pro Honore“ zu sehen oder auch die Düsseldorfer „AGW“.

Verbraucherschutzverbände nach § 8 Abs. 3 Nr. 3 UWG

Auch in diesem Bereich tummeln sich zum Beispiel neben der bekannten „Verbraucherzentrale Bundesverband“ und deren Zweigstellen als seriöser und bundesweit tätiger Verbraucherschutzverband, leider auch Vereine, die unter dem Deckmäntelchen „Verbraucherschutz“ nur eines wollen: Geld verdienen mit dem UWG.

Der Gesetzgeber hat zwar die Gründung solcher Vereine erschwert, es ist aber immer noch zu leicht möglich und die Eintragung als sogenannte „qualifizierte Einrichtung“ ist mit einer 75 Namen umfassenden Liste und dem entsprechenden Satzungszweck immer noch gegeben. Selbst ein für 10 Jahre gewählter Vorsitzender mit Vergütungsanspruch und mehrfacher Umbenennung des Vereins hindert nicht an der Eintragung in die Liste.

Industrie- und Handelskammern und Handwerkskammern nach § 8 Abs. 3 Nr. 4 UWG

Auch wenn die Kammern ein eigenes Anspruchsrecht haben gibt es in diesem Bereich wenig klassische Abmahnungen und damit auch keine Probleme wie teilweise mit den zuvor beschriebenen Anspruchsberechtigten.

Fazit

Das Internet, die komplizierten Gesetze, eine unübersichtliche Rechtsprechung und die heutige Bürotechnik machen es Wettbewerbshütern leicht das Wettbewerbsrecht zur „Gelddruckmaschine zu machen.

Festzuhalten bleibt trotzdem, dass bei berechtigten Forderungen die wettbewerbsrechtliche Abmahnung in den Händen eines verantwortungsbewussten Anspruchsstellers ein gutes Mittel ist, kostengünstig einen Streit ohne Gerichtsverfahren zu erledigen. Leider kommt man aber zu oft unter die Räuber.

5 Tipps: So vermeiden Sie Fehler! Auf Abmahnungen richtig reagieren!

Wie man Fehler in Anzeigen vermeidet

Es gibt typische Situationen im Maklerbetrieb, aus denen sich Fehler ergeben. Besonders zu nennen sind hier die telefonische Anzeigenaufgabe, die Wiederholung von schon geschalteten Anzeigen ohne nochmalige Kontrolle und die Hektik, kurz vor Anzeigenschluss. Deshalb sollten Makler folgende Tipps besonders beachten:

Schriftliches Manuskript statt telefonischen Auftrags!

Ein schriftliches Manuskript sollte anhand der Aufstellung „Erlaubtes und Verbotenes in der Immobilienwerbung" im Kapitel 6 auf wettbewerbsrechtliche Fehler überprüft werden. Dabei kann man den Anzeigentext auch auf Werbewirksamkeit und richtige Angaben überprüfen. Die Berufsverbände und Industrie- und Handelskammern geben telefonische Auskunft über die Richtigkeit einer Werbemaßnahme. Telefonisch aufgegebene Anzeigen werden häufig durch Hörfehler und Abkürzungen im Text verändert und damit schnell wettbewerbswidrig. Vermeiden Sie deshalb diese Fehlerquelle!

Anzeigenauftrag per Mail, Fax, Brief oder Bote!

Das fertige Manuskript sollte entweder per E-Mail, Fax, Brief oder Boten an die Zeitung übermittelt werden. Fax, Mail oder Bote haben den Vorteil der Beweisbarkeit des Zuganges eines Manuskriptes. Vereinbaren sie mit dem Anzeigenberater, dass das Manuskript eine gewisse Zeit aufgehoben wird (4 – 8 Wochen). Dies kann bei Druckfehlern und daraus resultierender wettbewerbswidriger Werbung wichtig sein. Die Zeitungen geben bei tatsächlichem Vorliegen eines Druckfehlers eine entsprechende Erklärung ab.

Was ist mit einem Druckfehler der Zeitung?
Sofort bei Erscheinen die Anzeige auf Druckfehler prüfen!

Liegt ein Druckfehler vor, sollten sie dies umgehend bei der Zeitung schriftlich reklamieren. Lassen Sie sich die Reklamation schriftlich bestätigen (zumindest, wenn eine Abmahnung kommt). Fordern Sie von der Zeitung aber nichts Unmögliches. Weisen sie für die Zukunft die Zeitung schriftlich darauf hin, dass der wettbewerbswidrige Text nicht mehr verwendet werden darf. Sie brauchen derartige Schreiben eventuell bei einer weiteren Abmahnung und sie können damit nachweisen, dass alles von Ihrer Seite getan worden ist, um richtig zu werben.

Sofort richtig reagieren bei einer Abmahnung.

Sollte eine Abmahnung auf eine – durch einen Druckfehler – wettbewerbswidrige Anzeige kommen, schreiben Sie bitte sofort den Abmahner an. Fügen Sie eine Kopie des Anzeigenmanuskriptes, die Reklamation bei der Zeitung und – falls vorhanden – eine entsprechende Bestätigung der Zeitung bei. Haben Sie noch keine Bestätigung der Zeitung für einen Druckfehler, besorgen Sie sich umgehend eine entsprechende Erklärung der Zeitung. Schreiben Sie die Zeitung an unter Beifügung einer Kopie der Abmahnung, und weisen Sie die Zeitung darauf hin, dass dieser Anzeigentext keinesfalls mehr erscheinen darf. Dies ist wichtig, falls die wettbewerbswidrige Anzeige noch einmal erscheinen sollte. Sie müssen dem Abmahner nachweisen können, dass Sie alles getan haben, um eine erneute wettbewerbswidrige Werbung zu verhindern.

Wie man Fehler im Internet vermeidet

Hier ist die Auswahl des Internetdienstleisters sehr wichtig. In dem Geschäft tummeln sich viele „Hobbykünstler“, die leider in den meisten Fällen juristische Kenntnisse vermissen lassen. Fehler im Impressum und Urheberrechtsverstöße sind fast vorprogrammiert.

Als Immobilienfirma sollte man nur mit schriftlichen Aufträgen mit klaren Vorgaben arbeiten und die Ergebnisse vor einer Freischaltung genau prüfen. Die erforderlichen Angaben im Impressum sind eine der zu prüfenden Vorgaben, da der Internetdienstleister nicht unbedingt wissen muss, dass Makler oder Bauträger eine genehmigungspflichtige Tätigkeit ausüben und deshalb die Aufsichtsbehörde angeben müssen.

Besonders wichtig ist die Kontrolle von Bildern, Stadtplänen, Landkarten und ähnlichen Inhalten. Lassen Sie sich ausdrücklich dafür die entsprechenden Verträge über eine Nutzung für ihre Firmenhomepage vorlegen. Verlassen Sie sich nicht auf Aussagen wie: Das war im Internet kostenlos oder ähnlichen Aussagen. Sie haften für die möglichen Urheberrechtsverstöße.

Sie haben den Fehler selbst gemacht

Jetzt heißt es kühlen Kopf bewahren und schnell und richtig reagieren. Prüfen Sie zuerst, ob wirklich ein Wettbewerbsverstoß vorliegt. Die Aufstellung im Kapitel 6 hilft Ihnen. Besorgen Sie sich Informationen über den Abmahner bei der IHK oder den Berufsverbänden IVD oder BFW, wenn sie dort Mitglied sind. Vielleicht kennen Sie auch einen im Wettbewerbsrecht versierten Anwalt oder Sie lassen sich einen empfehlen. Eine Kopiervorlage für eine Checkliste finden Sie bei den Mustertexten im Kapital 8.

Zur Prüfung einer Abmahnung hat sich dieses Vorgehen bewährt:

1. Eingangsdatum festhalten (Posteingangsstempel)

2. Zustellungsart festhalten (einfacher Brief, Einschreiben, Einschreiben mit Rückschein oder Postzustellungsurkunde)

3. Bei Abmahnung durch Anwalt: Liegt Vollmacht bei?

4. Stimmt die Zustellungsanschrift?

5. Welche Fristen werden gesetzt? (Postlaufzeit beachten, wenn keine Antwort per Fax möglich ist)

6. Unbedingt sofort Informationen über Abmahner beschaffen!
   a) bei der eigenen IHK

b) bei der für den Sitz des Abmahners zuständigen IHK
c) beim Berufsverband, z. B. IVD
d) bei der Wettbewerbszentrale in Bad Homburg, Telefon 0 61 72 / 1 21 50

7. Beurteilung des Abmahners
   a) Anwalt im Mandat eines Mitbewerbers:
      - echter Mitbewerber?
      - regionales oder überregionales Wettbewerbsverhältnis?
      - Anwalt bekannt für zahlreiche oder gelegentliche Abmahnungen?
      - prozessfreudig?
      - Gebührenanwalt?
   b) Wettbewerbsverein, eventuell auch durch Anwalt
      - wo im Vereinsregister eingetragen?
      - gilt als seriös oder unseriös? (Gebührenverein)
      - regional oder überregional tätig?
      - Zusammenschluss von Verbrauchern/Gewerbetreibenden/Mischverein?
      - zahlreiche oder nur gelegentliche Abmahnaktivitäten?
      - prozessuale Durchsetzung von Unterlassungsansprüchen?
      - weitergehende Informations- und Beratungstätigkeit?
      - einschlägig bekannter Anwalt?
      - Klagebefugnis nach § 8 UWG?

8. Beurteilung der Abmahnung
   a) formal in Ordnung? (Vollmacht, genau bezeichneter Wettbewerbsverstoß, richtige Zustellanschrift usw.)
   b) liegt tatsächlicher Wettbewerbsverstoß vor?
   c) ist die Frist zur Abgabe der Unterlassungserklärung in Ordnung?
   d) ist die Unterlassungserklärung konkret und eng genug gefasst?
   e) ist die Höhe der Vertragsstrafe in Ordnung?
   f) ist die Gebührenrechnung in Ordnung?

Für Wettbewerbsvereine: Auslagenpauschale von 0 Euro bis 200 Euro,
Bei Anwälten für Mitbewerber: Abrechnung nach Gegenstandswerten, ab 5.000 Euro, oft 10.000 bis 50.000 Euro. Anwaltsgebühren dann von ca. 300 bis 1.000 Euro.

Wichtig bei Serienabmahnern oder unseriösen Vereinen:
Keinen Gebührenersatz leisten!

9. Was ist zu tun bei mehreren Abmahnungen auf denselben Wettbewerbsverstoß?
   a) Reihenfolge des Eingangs festhalten
   b) Prüfen aller Abmahnungen nach obigem Schema
   c) wenn Wettbewerbsverstoß vorliegt: Angebot, dass der Wettbewerbshüter eine einstweilige Verfügung beantragen soll, die man dann anerkennt. Dann entfällt teilweise die Gebührenzahlung für die Abmahnung. Oder Unterlassungserklärung dem Anspruchsteller gegenüber abgeben, der die Gewähr für die Überwachung der Unterlassungserklärung bietet, und dann den anderen Anspruchstellern eine entsprechende

Erklärung mit Kopie der Abmahnung und Unterlassungserklärung zuschicken.
d) Gebührenzahlung?

- bei mehreren Vereinen: der Verein bekommt die Pauschale, der die Unterlassungserklärung bekommt (s.o. Punkt 8f)
- bei mehreren Mitbewerbern: alle Anwälte bekommen die Gebühren, Ausnahme: ein Anwalt mahnt für mehrere Mitbewerber denselben Verstoß ab (Missbrauch).
- bei Vereinen und Mitbewerbern: ein Verein, der die Unterlassungserklärung bekommt, und alle Mitbewerber.

Wenn die Prüfung ergeben hat, dass Sie einen Wettbewerbsverstoß begangen haben und der Abmahner nicht missbräuchlich handelt, geben Sie eine enggefasste Unterlassungserklärung mit einem unbestimmten Vertragsstrafeversprechen und einer auflösenden Bedingung (Muster unter 8) ab, oder Sie machen das Angebot, eine einstweilige Verfügung anzuerkennen.

Die Gültigkeit der Unterlassungserklärung ist nicht von der Zahlung der geforderten Rechtsanwaltsgebühren oder der Gebührenpauschalen abhängig. Überlegen Sie deshalb, ob die geforderten Gebühren gezahlt werden sollen, oder ob Sie darüber einen Prozess führen. Das Gericht muss bei einer Klage des Abmahners nämlich prüfen, ob die Gebührenforderung zu Recht erfolgt ist. Das ist nur der Fall, wenn Abmahner und Abmahnung berechtigt sind.

Nach Abgabe einer strafbewehrten Unterlassungserklärung oder Anerkenntnis einer einstweiligen Verfügung unbedingt dafür Sorge tragen, dass alle Mitarbeiter von dem Wettbewerbsverstoß und der Abgabe der Unterlassungserklärung Kenntnis bekommen, damit der gleiche Fehler in der Zukunft nicht mehr wiederholt wird.

Bei Urheberrechtsverstößen im Internet ist besonders darauf zu achten, dass die entsprechende Datei gelöscht wird. Es reicht nicht die Verlinkung zwischen Datei und Homepage zu löschen. Zusätzlich sollte man bei den Suchmaschinen abgespeicherte Cache-Dateien löschen bzw. löschen lassen. Dokumentieren Sie das gut, da sonst Vertragsstrafenzahlungen drohen wenn doch noch eine solche alte Datei gefunden wird. Der Google-Cache liefert manchmal ganz erstaunliche Ergebnisse von eigentlich nicht mehr existierenden Seiten aus dem Netz.

Wichtig! Schreiben Sie auch die Zeitungen an, in denen Sie regelmäßig Anzeigen schalten und weisen Sie diese auf die abgegebene Unterlassungserklärung hin. Weisen Sie weiter vorsorglich auf Regressansprüche gegen die Zeitung hin, falls diese trotzdem eine fehlerhafte Anzeige wiederholt oder durch einen Druckfehler den Fehler wieder begeht.

Sollte die Prüfung aber ergeben haben, dass die Abmahnung unberechtigt ist, weisen Sie diese zurück. In beiden Fällen sollten sie sich von der IHK oder ihrem Berufsverband beraten oder durch einen Anwalt vertreten lassen. Anfallende Anwaltsgebühren gehen in der Regel allerdings zu Ihren Lasten. Wo Sie Hilfen bekommen, können Sie der Aufstellung unter „Gesetze und Adressen“ entnehmen.

6 Erlaubtes und Verbotenes in der Immobilienwerbung

Die nachfolgenden Beispiele sind **keine** kompletten Werbetexte, sondern nur die jeweiligen Textpassagen für einen Werbetext.

Preisangaben, Preisaufgliederungen, Preisbestandteile

Erlaubt	Verboten
a) Eigentumswohnung, Essen, 3½-Zimmer, Balkon, 80 m², 2.000 €/m², Kaufpreis **160.000 €**	Mehrere Eigentumswohnungen zum Kaufpreis von nur 2.000 EUR/m² (KG vom 02.02.95, Az. 25 W 612/95)
Eigentumswohnungen von 50 bis 95 m², 2–4 Zi., Balkone, KP 75.000 - 155.000 €	
Mehrere Baugrundstücke ab 300 m², m²-Preis 100 €, KP ab 30.000 €	Baugrundstücke ab 100 €/m² am Stadtrand von Berlin
Baugrundstücke, ca. 300 – 900 m², KP von 30.000–90.000 €	
Büroetage oder Ladenlokal, Miete 20 €/m² + NK + 19% MWSt. (Hinweis auf NK ist bei gewerblichen Mietobjekten nicht erforderlich)	
b) 1-Fam.-Haus in Bonn-Beuel, 5 Zi., 135 m² Wohnfl., Terrasse, schöner Garten, sehr gute Ausstattung, Preis a. Anfr. (hier sah früher das Kammergericht Berlin die Grenze von der Werbung zum Angebot überschritten, anders BGH Sonnenring-Entscheidung)	
Villa, Görlitz, Wohn- und Gewerbeobjekt, Wfl. 400 m², Laden 120 m², KP gg. Gebot	
1-Fam.-Haus in Bonn, 150 m², KP 250.000 € VB oder VHS	1-Familienhaus in Bonn, 150 m², KP ca. 250.000 €
Baugrundstück, 550 m², für 1½-gesch. freistehendes 1-Fam.-Haus in Köln-Nippes zu verkaufen. KP 110.000 €	

Baugrundstück, 550 m², für 1½-gesch. freistehendes 1-Fam.-Haus in Köln-Nippes zu verkaufen. KP auf Anfrage oder Verkauf gegen Gebot	
c) Haus/ETW, Essen gute Lage, Kaufpreis Haus 250.000 € + Garage 10.000 € = 260.000 € oder **260.000 €** oder Gesamtpreis 260.000 €	Haus/ETW, Essen, gute Lage, KP Haus 250.000 € + Garage 10.000 €
Eigentumswohnung inkl. Einstellplatz KP 180.000 €	Eigentumswohnung, 170.000 € + (und) Einstellplatz 10.000 € (wenn nur zusammen gekauft werden kann)
ETW 80 m², KP 170.000 €, Kauf Einstellplatz 10.000 € möglich	
Baugrundstück, 500 m², KP 100.000 € + Erschließungskosten (Erschließungskosten sind kein Preisbestandteil der Immobilie, da sie in der Regel an einen Dritten zu zahlen sind und häufig in der Höhe nicht feststehen)	
d) Haus/ETW 120 m², KP 350.000 €, erforderliches Eigenkapital 90.000 €	Haus/ETW 120 m², Eigenkapital von 90.000 € erforderlich (ohne Nennung des Endpreises)
Haus/ETW 120 m², **KP 180.000 €,** eine günstige Finanzierung kann vermittelt werden	Haus /ETW, 120 m², monatliche Belastung nur 900 €
e) Haus/ETW 120 m², KP 150.000 € zzgl. Erbpacht 80 €/Monat, 99 Jahre Erbbaurecht	Haus/ETW, 120 m², KP nur 150.000 € (wenn noch Erbpacht zuzahlen ist)
Mehrfam.-Haus, KP 400.000 €, Anzhlg. 100.000 €, Rest monatliche Rente 800 €	Mehrfam.-Haus, Anzahlung 100.000 €, Rest Rente monatlich auf Lebenszeit
Haus, 4 Räume, 115 m², inkl. Keller aber ohne Grundstück, KP 160.000 € (Fertighaus oder Bauträger mit Typenhäusern)	Haus, 4 Zim., 115 m², KP 160.000 € inkl. Keller (fehlender Hinweis auf das nicht vorhandene Grundstück, im Bauträger- oder Fertighausbereich)
f) Neubau-Büroetage, KP 357.000 € (Mehrwertsteuer ausweisbar)	Büroetage, 120 m², KP 300.000 € + 19% MwSt./Mehrwertsteuer
g) Ladenlokal 80 m², 110 €/m² + MWSt.	

Büroetage, Berlin, 200 m², Miete 3.500 € + NK + 19%MWSt. (Hinweis auf NK ist bei Gewerbeobjekten nicht erforderlich)	
h) Bürogebäude, Berlin, gut vermietet, hervorragende Kapitalanlage, Mieteinnahmen 195.000 €, KP 3.570.000 € (inkl. Mehrwertsteuer)	Lagerhalle, 8.000 m2, Fertigstellung 2010, KP 5 Mio. € + 19% MwSt. (Zulässig wenn nur Eigennutzer angesprochen werden, unzulässig wenn Kapitalanleger angesprochen werden)

Festpreis, notarieller Festpreis

Erlaubt	Verboten
a) Haus/ETW, Festpreis 180.000 €	Haus, notarieller Festpreis 180.000 €
b) ETW, garantierter Festpreis 180.000 € (dürfte nur bei Bauträgern vorkommen)	ETW, notariell garantierter Festpreis 180.000 € (kein Notar wirkt bei der Preisgestaltung mit, deshalb irreführend)

Provision und Provisionsangabepflicht

Erlaubt	Verboten
a) Haus/ETW, KP 200.000 € + 3,57% Maklerprovision	Haus/ETW, 200.000 €, Maklerprovision 3% + MWSt.
Haus/ETW, KP 200.000 € + Maklerprovision (Höhe muss nicht angegeben werden)	Haus/ETW (bei Steuersparmodell hauptsächlich), 120 m², Gesamtaufwand 280.000 € (falls nicht Gesamtkosten)
Haus/ETW, KP 180.000 € (Maklerprovision muss nicht angegeben werden wenn Maklertätigkeit anders ersichtlich ist)	Haus/ETW, Gesamtpreis 180.000 € wenn Maklerprovision dazu kommt)
b) Haus/ETW, KP 180.000 €, Makler Müller oder Müller Immobilien (Provisionsangabe nicht erforderlich, da aus der Firmierung Provisionspflichtigkeit erkennbar ist, KG vom 30.01.1995, Az. 25 U 1688/94)	Haus/ETW, 180.000 € Verkauf durch Terra GmbH (Da hier nur die Gewerblichkeit, nicht aber eine Provisionspflichtigkeit, erkennbar ist, hätte hier ein Hinweis auf die Maklerprovision erfolgen müssen, KG 30.01.95, AZ: 25 U 1688/94 und weitere Entscheidungen des KG, OLG Stuttgart und OLG Frankfurt, Senat Kassel)

c) Ladenlokal, 100 m^2, Miete 2.000 €, Provision 2 Monatsmieten + 19% MWSt. oder Provision 4.000 € + 19% MWSt.	
Büroetage, 200 m^2, Miete 15 €/m^2, Provision 3% vom 10 Jahresvertrag + 19% MWSt. oder 3 Monatsmieten + 19% MwSt	
Büroetage, 200 m^2, Miete 15 €/m^2, Provision 3% vom 10 Jahresvertrag + 19% MWSt. oder 3 Monatsmieten + 19% Mehrwertsteuer	

Provisionsfrei, kostenlose Tätigkeit u. Ä.

Erlaubt	Verboten
a) Einfamilienhaus, … KP 250.000 €, keine zusätzliche Maklerprovision	Einfamilienhaus, … KP 250.000 €, keine Maklerprovision (wenn Maklerprovision des Käufers dem Kaufpreis zugeschlagen ist)
b) ETW, …, KP 170.000 €, keine Maklerprovision (nur bei Eigenobjekt des Maklers oder bei Bauträgern)	
c) Wir vermieten provisionsfrei folgende Mietwohnungen: … (Verwalter oder Eigenobjekte des Maklers)	Provisionsfreie Vermietung folgender Mietwohnungen: … (Wenn Vereinsmitgliedschaft oder so genannten Zeitungen oder Listen erworben werden müssen)
d) Kostenlose Wertermittlung … (zulässig wenn in der Region nicht allgemein üblich)	Kostenlose Wertermittlung … (unzulässig wenn in der Region allgemein üblich, Werbung mit Selbstverständlichkeiten) Kostenlose Finanzierungsberatung … Kostenlose Finanzierungsvermittlung Kostenlose Beratung … Kostenloser Exposéversand … Kostenlose Kundenkartei … Kostenlose Besichtigungen …

Finanzierungsangebote, Zinsen

Erlaubt	Verboten
a) Haus, KP 200.000 €, günstige Finanzierungsvermittlung	Haus, KP 200.000 €, günst. Finanzierungsbeschaffung (beschaffen ist v.d. Gerichten nicht mit vermitteln gleichgesetzt worden)
ETW, KP 170.000 €, günstige Althypothek kann übernommen werden	
b) Haus, KP 200.000 €, Hypothek 100.000 € zu 4,35% Sollzinssatz, 4,65% effektiver Jahreszins fest für 10 Jahre bei 100% Auszahlung kann vermittelt werden	Haus, 200.000 €, Hypothek 100.000 € nur 4,05% Zins (4,35% eff. JZ) und ähnliche sinnentstellende Abkürzungen

Steuervorteile, Steuersparen, Renditeversprechen

Erlaubt	Verboten
a) Immobilien mit Denkmal-AfA, Eigentumswohnungen in Berlin ...	Hohe Steuervorteile durch den Kauf einer vermieteten Immobilie!
b)	Wir beraten Sie über die Steuervorteile beim Immobilienkauf!
c) Mehrfamilienhaus, 8% Rendite (wenn dies aus den Einnahmen erwirtschaftet wird)	30% Rendite (wenn dieser Steuervorteil nur a.d. Veräußerungsgewinn zu erzielen ist und nicht darauf hingewiesen wird)
	Hohe Rendite (im Zusammenhang mit Erwerber- oder Bauherrenmodellen ohne Hinweis a.d. Risiko einer solchen Anlage)

Prämien, Rabatte und Zugaben

Erlaubt	Verboten
a) Letztes Haus, 1-Fam.-Haus, 120 m², 180.000 €, Rabatt 10% bei Abschluss Notarvertrag, ...	
b) Die letzte Eigentumswohnung geben wir mit einem Preisvorteil von 10.000 € ab.	

c) 1-Fam.-Hausneubau, Bonn, 140 m² Wohnfl., zur Ausstattung gehört auch eine Einbauküche v. Miele nach Ihrer Wahl im Wert von 15.000 €, KP 290.000 €	1-Fam.-Hausneubau, Bonn, 140 m² Wohnfl., wir schenken Ihnen einen Opel Corsa Sondermodell, KP 290.000 €

Brutto / Netto

Erlaubt	Verboten
a) Mehrfamilienhaus, Köln, 12 WE, Bruttomieteinnahmen oder Nettomieteinnahmen 60.000 €, …	
b) Büroetage, 200 m², Nettomiete 20 €/m² Ladenlokal, 100 m², 45 €/m² Nettomiete	

Neubau, Projektierte Neubauten, Haus im Haus (ETW)

Erlaubt	Verboten
a) Neubau, 1-Fam.-Häuser, 120 m², Baustellenberatung am Objekt, (ohne Hinweis auf Baubeginn oder Fertigstellungstermin, KG vom 31.10.94, Az. 25 U 8278/93)	
Neubau, 1-Fam.-Häuser, 120 m², Baubeginn Juli 2009, …	
Projektierte ETW in Köln, Baubeginn 8/2009, Fertigstellung voraussichtlich 4/2010	
Proj. ETW in Köln, Fertigstellung voraussichtlich 4/2010	
b) Stadthaus, Wohneigentum nach WEG, 120 m², KP inkl. Kaufgrundstück nur 150.000 €	Stadthaus, 120 m², besonders preiswert, KP nur 150.000 € (ohne deutlichen Hinweis, dass es sich hier nur bautechnisch um ein Reihenhaus handelt, juristisch aber Wohnungseigentum vorliegt)

Vermietet, frei ab

Erlaubt	Verboten
a) Essen, 1-Fam.-Haus, 120 m², Bauj. '85, 5 Zimmer, Garage, KP 200.000 € (auch wenn das Haus vermietet ist, oder vom Verkäufer noch nicht sofort geräumt wird, ist kein Hinweis erforderlich. BGH vom 03.12.1992, I ZR 132/91).	
4-Raum-ETW, Bonn, 72 m², verm., zu verkaufen, KP 180.000 € (Abkürzung verm. nicht irreführend, (KG Berlin vom 11.02.1993, Az. 25 U 2466/92)	
Essen, 1-Fam.-Haus, 120 m², Bauj. '85, frei ab Sommer '93, KP 200.000 €	

Flächenangeben und -bezeichnungen

Erlaubt	Verboten
a) Wohnfläche 150 m². Grundstück 950 m²	Wohnfläche 125 qm (Gesetz über Einheiten im Messwesen i. V. m. Ausführungsverordnung zum Gesetz über Einheiten im Messwesen)
b) 1-Fam.-Haus, Wohn-/Nutzfläche 125 m² (Wohn-/Nutzfl. in 1 Zahl, wenn kein Missverhältnis zwischen den Flächenarten besteht, 2/3 zu 1/3 bei Wohnimmobilien so KG Berlin + LG Hamburg und auch OLG München)	1-Fam.-Haus, 125 m² WNFl., Wfl./Nfl. (WNFl., WFl/NFl oder ähnliche Abkürzungen, da hier Verwechslungsgefahr mit Wohnnettofläche oder Nettowohnfläche KG Berlin + OLG München aber nur für Abkürzung WNFl.)
Wohn-/Nutzfläche 150 m², davon 70 m² Nutzfläche	
Wohnfl. 80 m², Nutzfl. 70 m²	
1-Fam.-Haus, Wfl.-/Nfl. 125 m² (das OLG München hält diese Abkürzung für zulässig, Az. 29 W 2546/98 vom 16.09.98).	

c) 1-Fam.-Haus, Nutzfläche 125 m² (die Bezeichnung der Gesamtfläche als Nutzfläche bei reinen Wohnimmobilien ist nicht irreführend, (KG Berlin vom 07.06.1990, 25 U 6455/89, bestätigt vom BGH I ZR 210/90)	
d) Wohn-/Geschäftshaus, Wohn-/Nutzfläche 600 m²	
e) 1-Fam.-Haus, Köln, 6 Zimmer, schönes Grundstück, gute Ausstattung, KP 300.000 € (es ist keine Wohnflächenangabe erforderlich, LG München I, 28.01.93, 4 HKO 14826/92, anders LG Hannover, 21a O 167/96 vom 10.12.96)	

Biohaus, baubiologisch, ökologische Bauweise u. Ä.

Erlaubt	Verboten
a)	1-Familien-Biohaus, 130 m² Wohnfl., in Essen, …
	2-Familien-Ökohaus, 130 m² Wohnfl., …
b)	Wir erbauen nach baubiologischen Gesichtspunkten 1-Familienhäuser, oder Wir erbauen nach ökologischen Gesichtspunkten 1-Familienhäuser

Firmenbezeichnung, -aussagen, Verbandszugehörigkeit

Erlaubt	Verboten
a) Firmierung auf Briefbögen: Adam Maier Immobilien oder Adam Maier, Makler oder Adam Maier Grundbesitz	Maier-Immobilien oder Makler-Maier oder Maier-Grundbesitz o. Ä.
b) Firmierung in Anzeigen o. Ä., Haus, KP 300.000 €, City Immobilien Müller	

Haus, KP 300.000 €, Immobilien Müller (GmbH-Zusatz muss nicht in der Zeitungswerbung erscheinen)	
1-Fam.-Haus in Köln zu verkaufen Immobilien Müller und Partner GbR Immobilien Müller & Partner GmbH (Nur noch bei Altfirmen mit HR-Eintrag möglich)	1-Fam.-Haus in Köln zu verkaufen, Immobilien Müller und Partner (unzulässig ohne Rechtsformzusatz gem. PartnerschaftsgesellschaftsG)
c) Verbandszugehörigkeit als Maklerhinweis Eva Müller Immobilien IVD Adam Mai, IVD-Makler	Eva Müller, IVD
d) Hinweis auf provisionspflichtige Maklertätigkeit oder Maklerhinweis durch „Immobilien“: Wohnanlage zu verkaufen, Müller Immobilien (OLG Celle, Az. 13 U 287/95 vom 05.06.1996, anders LG Dortmund Az. 18 O 170/96 vom 31.01.1997)	Imm., Imo., Imb., Hsm., Mkl., strittig
Wohnanlage in Köln zu verkaufen, KP 2,3 Mio. € + 3,57% Käufer-Maklerprovision, Terra GmbH	Wohnanlage in Köln zu verkaufen, 25 WE, KP 2,3 Mio. €, Terra GmbH
e) Wir sind die Nr. 1 der Branche … (die Werbeaussage wäre dann zulässig, wenn tatsächlich das größte und umsatzstärkste Unternehmen so wirbt, Beweisfrage).	XYZ Immobilien, wir sind stets bemüht, die kleinste Nummer unserer Branche zu sein **Die Nr. 1** (Wenn so von einem kleinen Unternehmen oder einem am Markt neuen Unternehmens geworben wird)
Der größte …, der älteste Makler am Ort (nur wenn tatsächlich der umsatzgrößte oder älteste Maklerbetrieb vorliegt. Beweisfrage sehr schwierig).	
f) XYZ-Immobilien, Fachmakler für Hotels und Gaststätten oder XYZ-Immobilien, Spezialmakler für Gewerbeimmobilien (wenn nur im angegebenen Zweig gearbeitet wird).	ZYX-Immobilien, Fachmakler für Immobilien (Immobilien ist ein allumfassender Gattungsbegriff – man kann nicht für alles aus der Gattung Fachmakler sein)

Erlaubt	Verboten
a) X-Immobilien-GmbH vermittelt Mietwohnungen (allgemeine Werbung)	X-Immobilien bietet an: 5 3-Raum-Wohnungen, 80 m², Essen-Mitte, (Angabe der Miete erforderlich)
b) 3½-Raum-Wohnung, Miete 600 € + NK	3½-R.-Wohnung, Miete 600 € (wenn hier noch Nebenkosten dazu kommen
3½-Raum-Wohnung, Miete 800 € inkl. NK	
3½-Raum-Wohnung, KM 600 € + NK	3½-Raum-Wohnung, KM 750 € (OLG Braunschweig hält die Werbung für zulässig, auch OLG Saarbrücken für das Saarland, ebenso LG Itzehoe und LG Hannover, für unzulässig halten diese Bezeichnung die OLGe Berlin, Schleswig, Bremen, Hamm, Düsseldorf u. a.)
3½-Raum-Whg., Warmmiete 800 € inkl. NK u. Hzg	3½-R.-Wohnung, Warmmiete 800 €
3½-Raum-Wohnung, 75 m² x 7 €/m² = **525 € + NK**	3½-Raum-Wohnung, 75 m², 7 €/m² + NK
Mehrere **3½**-R.-Wohnungen von 75, 90 u. 105 m², Mieten 525, 630 u. 735 € (7 €/m²) jew. + NK	Mehrere **3½**-R.-Wohnungen, 75, 90 und 105 m², Mieten von 525 bis 735 € (7 €/m²) jew. + NK
	Mehrere **3½**-R.-Wohnungen, von 75 bis 105 m², 7 €/m², ab 525 € + NK
Mehrere Neubauwohnungen in Neuss, Kaarst, Mettmann zu vermieten, Makler Müller	Mehrere **3½**-R.-Neubauwohnungen in Neuss, Kaarst u. Mettmann von 75–90 m², alle mit Balkon, gute Ausstattung, zu vermieten, Makler Müller
20 **3½**-R.-Neubauwohnungen in Köln zu vermieten, alle mit Balkon, 75 m² = 525 €, 85 m² = 595 €, 95 m² = 665 €, jew.+NK, weitere Wohnungen auf Anfrage	20 **3½**-R.-Neubauwohnungen in Köln zu vermieten, 75, 85 und 95 m², alle mit Balkon, z.B. 75 m² nur 525 €+NK oder von 525 bis 665 €, jew.+NK
c) 3½-Raum-Wohnung, 75 m², Miete 525 € + NK, Anmietung Garage 55 € mögl.	3½-Raum-Wohnung, 75 m², Garage, Miete 525 € + NK + 55 € Garage
3½-R.-Wohnung, 75 m², Garage, Miete Wohnung 525 € + NK + Garage 55,- € = **580,- €** + NK	3½-R.-Wohnung, 75 m², Garage, Miete 525 € + NK + Garage

d) 4-R.-Mietwohnung, 80 m^2, Miete 560 € + NK, Maklerprovision 2,38 Monatsmieten	4-R.-Mietwohng., 80 m^2, M 560 € + NK, Provision 2 MoMi + MWSt. oder 2 MoMi (wenn noch MwSt. dazu kommt) oder Provision 1.233,80 € (WoVermG verlangt die Nennung der Provision in einem Vielfachen oder Bruchteil der Miete)
e) 4-R.-Wohnung, 80 m^2, Miete 560 € + NK + Kaution 1.120 € + 2.38 MoMi Maklerprovision	
4-R.-Wohnung, 80 m^2, Miete 560 € + NK + Kaution + 2.38 MoMi Maklerprovision	
f) Wohnung, 75 m^2, 525 € + NK, XY-Immobilien GmbH	Wohnung, 525 € + NK, XY-GmbH
Wohnung, 75 m^2, 525 € + NK, Inge Müller, Wohnungsvermittlung oder Makler oder Immobilien	Wohnung, 525 € + NK, Müller Imm. oder gew.
g)	Mietwohnung, 3½-Zi., 80 m^2, 560 € (wenn kein Auftrag des Verfügungsberechtigten vorliegt, Vermieter oder Mieter m. Erlaubnis des Vermieters zur Untervermietung)
h) Ständig freie Mietwohnungen, XY-Verlag oder XY-Verein Ständig freie Mietwohnungen, z.B. 3½-Raum-Wohnung, 75 m^2, Miete 525 € + NK und weitere Angebote, Vermittlung durch XY-Verlag	Freie Mietwohnungen, XY-Verlag o. XY-Verein (hier liegen typische Maklerleistungen vor, deshalb muss auch das Wohnungsvermittlungsgesetz eingehalten werden, d.h. klarer Hinweis auf die Vermittlereigenschaft und Einhaltung aller Bestimmungen des Wohnungsvermittlungsgesetzes)

Baustellenberatung am Sonntag, Neubaubesichtigung

Erlaubt	Verboten
a) Baustellenbesichtigung Samstag + Sonntag im Objekt Musterstraße 1, jeweils von 14–17 Uhr (In 13 Bundesländern ist die Beratung Sonntags für 4 Stunden durch sog. Bedarfsgewerbeverordnungen erlaubt, Ausnahme: Hamburg, Hessen u. Sachsen).	

b) Feiern Sie die Rohbaufertigstellung am Wochenende. Besichtigung Sa und So von 12–16 Uhr, für Ihr leibl. Wohl ist gesorgt!	

Werbung mit Beratungstätigkeit über Miet- und Kaufverträge

Erlaubt	Verboten
a) Wir informieren unsere Kunden umfassend bei Kauf/Verkauf, Vermietung und Anmietung, keine Rechts- und Steuerberatung.	Wir beraten unsere Kunden in allen Angelegenheiten bei Kauf/Verkauf, Vermietung und Anmietung. (Verstoß gegen das Rechtsdienstleistungsgesetz)
b) Wir betreuen als Hausverwalter auch Ihre Immobilie umfassend, Buchhaltung, Neuvermietung, Reparaturen u.a. Unser umfassender Service umfasst aber keine Rechts- und Steuerberatung	Wir beraten Sie als Hausverwalter umfassend und betreuen Sie auch bei Abschluss günstiger Mietverträge, führen das Mietinkasso durch und führen Mahnverfahren bis zur Räumungsklage durch (Verstoß gegen das Rechtsdienstleistungsgesetz)

Chiffre-Anzeigen, Eigenverkauf u. Ä.

Erlaubt	Verboten
a) 1-Familienhaus, ... KP 350.000 €, +3,48% Provision, Müller Immobilien GmbH, Zuschriften unter Chiffre-Nr. 111 an die Zeitung	1-Familienhaus, KP 350.000 €, Zuschriften unter Chiffre-Nr. 111 an die Zeitung. (Werbung darf nur mit Hinweis auf die Maklereigenschaft und Namensnennung erfolgen. Ausnahme: Bei der Werbung für Verkäufe aus dem eigenen Vermögensbestand)
b) Mehrfam.-Haus, ... KP 800.000 €, A. Müller, Tel. ... (Zulässig, wenn aus dem Privatbesitz des Maklers, entgegen der bisherigen Berliner Rechtsprechung ist kein Hinweis auf den Beruf als Immobilienmakler erforderlich, BGH vom 22.04.1993 Az. I ZR 75/91)	

c) Makler kann auf Chiffre-Anzeigen in der Zeitung antworten und seine Dienste dem Inserenten anbieten, die Zeitung muss diese Briefe an den Inserenten weiterleiten, es ist keine wettbewerbswidrige Ausnutzung des Chiffredienstes der Zeitungen (BGH 06.07.89, Az. I ZR 111/87)	

Telefon-, Fax- und E-Mailwerbung

Erlaubt	Verboten
a) Telefonate, Telefaxe oder SMS an **Verbraucher** Nur mit ausdrücklicher vorheriger Einwilligung	Telefonate, Telefaxe oder SMS unzulässig ohne ausdrückliche vorherige Einwilligung gegeben haben
b) Telefonate, Telefaxe an Firmen, **Gewerbetreibende, Freiberufler** Nur mit deren zumindest mutmaßlicher Einwilligung.	Unzulässig ohne zumindest mutmaßlicher Einwilligung
E-Mailwerbung an **Verbraucher und sonstige Marktteilnehmer** Zulässig nur wenn **ausdrückliche vorherige** Einwilligung vorliegt	Unzulässig wenn keine ausdrückliche vorherige Einwilligung vorliegt

Firmenname, Firmierung (Briefbogen, Fax, E-Mail)

Erlaubt	Verboten
a) Gewerbetreibender ohne HR-Eintrag: Max Muster Immobilien oder Muster Immobilien GbR Max Muster und Peter Muster, Musterstraße 1, 12345 Musterstadt	Muster Immobilien oder Muster Immobilien GbR Postfach 1020, 12340 Musterstadt
b) mit Eintrag im Handelsregister: Max Muster Immobilien e.K, Inhaber: Max Muster, Musterstraße 1, 12345 Musterstadt, HRA 9876	Max Muster Immobilien (ohne Hinweis auf Kaufmannseigenschaft durch HR-Eintragung)
c) Muster Immobilien GmbH, Geschäftsführer: Max Muster, Musterstraße 1, 12345 Musterstadt HRB 9876	

Werbung im Internet, Pflichtangaben gem. § 5 TMG (Impressum)

Erlaubt	Verboten
a) Impressum Einzelgewerbetreibender: Max Muster Immobilien, Beispielstraße 1, Tel. 01 23 / 6 54 32, Fax 01 23 / 6 54 31, E-Mail: info@musterimmobilien.de, Aufsichtsbehörde: Ordnungsamt Kreis Irgendwo, Postfach 987, 12345 Musterdorf	Max Muster Immobilien, Postfach 101, 12345 Musterdorf oder Muster Immobilien, Beispielstraße 1, 12345 Musterdorf
b) Impressum Kapitalgesellschaft: Muster Immobilien GmbH, Beispielstraße 1, 12345 Musterstadt, Handelsregister: AG Musterstadt HRB 9876, GF Max Muster, Tel. 01 23 / 6 54 32, Fax 01 23 / 6 54 31, E-Mail: info@musterimmobiliengmbh.de, Aufsichtsbehörde: Ordnungsamt Musterstadt, Postfach 987, 12345 Musterstadt	Muster Immobilien GmbH, Beispielstraße 1, 12345 Musterstadt

Verwenden Sie bitte nur Formulierungen aus der Spalte „Erlaubt"! Durch ständig neue Rechtsprechung kann heute noch erlaubte Werbung morgen schon unzulässig sein. Bitte beachten Sie entsprechende Hinweise auf neue Urteile durch den Berufsverband, die IHK, andere Verbände oder Veröffentlichungen in der Presse.

7 Gesetze und Adressen

Gesetze

UWG Gesetz gegen den unlauteren Wettbewerb (Auszüge) mit Anhang

Kapitel 1: Allgemeine Bestimmungen

§ 1 Zweck des Gesetzes

Dieses Gesetz dient dem Schutz der Mitbewerber, der Verbraucherinnen und Verbraucher sowie der sonstigen Marktteilnehmer vor unlauteren geschäftlichen Handlungen.

§ 2 Definitionen

1. Im Sinne dieses Gesetzes bedeutet „geschäftliche Handlung" jedes Verhalten einer Person zu Gunsten des eigenen oder eines fremden Unternehmens vor, bei oder nach einem Geschäftsabschluss, das mit der Förderung des Absatzes oder des Bezugs von Waren oder Dienstleistungen oder mit dem Abschluss oder der Durchführung eines Vertrags über Waren oder Dienstleistungen objektiv zusammenhängt; als Waren gelten auch Grundstücke, als Dienstleistungen auch Rechte und Verpflichtungen; „Marktteilnehmer" neben Mitbewerbern und Verbrauchern alle Personen, die als Anbieter oder Nachfrager von Waren oder Dienstleistungen tätig sind; „Mitbewerber" jeder Unternehmer, der mit einem oder mehreren Unternehmern als Anbieter oder Nachfrager von Waren oder Dienstleistungen in einem konkreten Wettbewerbsverhältnis steht; „Nachricht" jede Information, die zwischen einer endlichen Zahl von Beteiligten über einen öffentlich zugänglichen elektronischen Kommunikationsdienst ausgetauscht oder weitergeleitet wird; dies schließt nicht Informationen ein, die als Teil eines Rundfunkdienstes über ein elektronisches Kommunikationsnetz an die Öffentlichkeit weitergeleitet werden, soweit die Informationen nicht mit dem identifizierbaren Teilnehmer oder Nutzer, der sie erhält, in Verbindung gebracht werden können; „Verhaltenskodex" Vereinbarungen oder Vorschriften über das Verhalten von Unternehmen, zu welchem diese sich in Bezug auf Wirtschaftszweige oder einzelne geschäftliche Handlungen verpflichtet haben, ohne dass sich solche Verpflichtungen aus Gesetzes- oder Verwaltungsvorschriften ergeben; „Unternehmer" jede natürliche oder juristische Person, die geschäftliche Handlungen im Rahmen ihrer gewerblichen, handwerklichen oder beruflichen Tätigkeit vornimmt, und jede Person, die im Namen oder Auftrag einer solchen Person handelt; „fachliche Sorgfalt" der Standard an Fachkenntnissen und Sorgfalt, von dem billigerweise angenommen werden kann, dass ein Unternehmer ihn in seinem Tätigkeitsbereich gegenüber Verbrauchern nach Treu und Glauben unter Berücksichtigung der Marktgepflogenheiten einhält.
2. Für den Verbraucherbegriff gilt § 13 des bürgerlichen Gesetzbuchs entsprechend.

§ 3 Verbot unlauterer geschäftlicher Handlungen

1. Unlautere geschäftliche Handlungen sind unzulässig, wenn sie geeignet sind, die Interessen von Mitbewerbern, Verbrauchern oder sonstigen Marktteilnehmern spürbar zu beeinträchtigen.

2. Geschäftliche Handlungen gegenüber Verbrauchern sind jedenfalls dann unzulässig, wenn sie nicht der für den Unternehmer geltenden fachlichen Sorgfalt entsprechen und dazu geeignet sind, die Fähigkeit des Verbrauchers sich auf Grund von Informationen zu entscheiden, spürbar zu beeinträchtigen und ihn damit zu einer geschäftlichen Entscheidung zu veranlassen, die er andernfalls nicht getroffen hätte. Dabei ist auf den durchschnittlichen Verbraucher oder, wenn sich die geschäftliche Handlung an eine bestimmte Gruppe von Verbrauchern wendet, auf ein durchschnittliches Mitglied dieser Gruppe abzustellen. Auf die Sicht eines durchschnittlichen Mitglieds einer auf Grund von geistigen oder körperlichen Gebrechen, Alter oder Leichtgläubigkeit besonders schutzbedürftigen und eindeutig identifizierbaren Gruppe von Verbrauchern ist abzustellen, wenn für den Unternehmer vorhersehbar ist, dass seine geschäftliche Handlung nur diese Gruppe betrifft.
3. Die im Anhang dieses Gesetzes aufgeführten geschäftlichen Handlungen gegenüber Verbrauchern sind stets unzulässig.

§4 Beispiele unlauterer geschäftlicher Handlungen

- Unlauter handelt insbesondere, wer geschäftliche Handlungen vornimmt, die geeignet sind, die Entscheidungsfreiheit der Verbraucher oder sonstiger Marktteilnehmer durch Ausübung von Druck, in menschenverachtender Weise oder durch sonstigen unangemessenen unsachlichen Einfluss zu beeinträchtigen;
- geschäftliche Handlungen vornimmt, die geeignet sind, geistige oder körperliche Gebrechen, das Alter, die geschäftliche Unerfahrenheit, die Leichtgläubigkeit, die Angst oder die Zwangslage von Verbrauchern auszunutzen;
- den Werbecharakter von geschäftlichen Handlungen verschleiert;
- bei Verkaufsförderungsmaßnahmen wie Preisnachlässen, Zugaben oder Geschenken die Bedingungen für ihre Inanspruchnahme nicht klar und eindeutig angibt;
- bei Preisausschreiben oder Gewinnspielen mit Werbecharakter die Teilnahmebedingungen nicht klar und eindeutig angibt;
- die Teilnahme von Verbrauchern an einem Preisausschreiben oder Gewinnspiel von dem Erwerb einer Ware oder der Inanspruchnahme einer Dienstleistung abhängig macht, es sei denn, das Preisausschreiben oder Gewinnspiel ist naturgemäß mit der Ware oder der Dienstleistung verbunden;
- die Kennzeichen, Waren, Dienstleistungen, Tätigkeiten oder persönlichen oder geschäftlichen Verhältnisse eines Mitbewerbers herabsetzt oder verunglimpft;
- über die Waren, Dienstleistungen oder das Unternehmen eines Mitbewerbers oder über den Unternehmer oder ein Mitglied der Unternehmensleitung Tatsachen behauptet oder verbreitet, die geeignet sind, den Betrieb des Unternehmens oder den Kredit des Unternehmers zu schädigen, sofern die Tatsachen nicht erweislich wahr sind; handelt es sich um vertrauliche Mitteilungen und hat der Mitteilende oder der Empfänger der Mitteilung an ihr ein berechtigtes Interesse, so ist die Handlung nur dann unlauter, wenn die Tatsachen der Wahrheit zuwider behauptet oder verbreitet wurden;
- Waren oder Dienstleistungen anbietet, die eine Nachahmung der Waren oder Dienstleistungen eines Mitbewerbers sind, wenn er
  a) eine vermeidbare Täuschung der Abnehmer über die betriebliche Herkunft herbeiführt,
  b) die Wertschätzung der nachgeahmten Ware oder Dienstleistung unangemessen ausnutzt oder beeinträchtigt oder

c) die für die Nachahmung erforderlichen Kenntnisse oder Unterlagen unredlich erlangt hat;
- Mitbewerber gezielt behindert;
- einer gesetzlichen Vorschrift zuwider handelt, die auch dazu bestimmt ist, im Interesse der Marktteilnehmer das Marktverhalten zu regeln.

§ 5 Irreführende geschäftliche Handlungen

1. Unlauter handelt, wer eine irreführende geschäftliche Handlung vornimmt.
   - Eine geschäftliche Handlung ist irreführend, wenn sie unwahre Angaben enthält oder sonstige zur Täuschung geeignete Angaben über folgende Umstände enthält:
   - die wesentlichen Merkmale der Ware oder Dienstleistung wie Verfügbarkeit, Art, Ausführung, Vorteile, Risiken, Zusammensetzung, Zubehör, Verfahren oder Zeitpunkt der Herstellung, Lieferung oder Erbringung, Zwecktauglichkeit, Verwendungsmöglichkeit, Menge, Beschaffenheit, Kundendienst und Beschwerdeverfahren, geographische oder betriebliche Herkunft, von der Verwendung zu erwartende Ergebnisse oder die Ergebnisse oder wesentlichen Bestandteile von Test der Waren oder Dienstleistungen;
   - den Anlass des Verkaufs wie das Vorhandensein eines besonderen Preisvorteils, den Preis oder die Art und Weise, in der er berechnet wird, oder die Bedingungen, unter denen die Ware geliefert oder die Dienstleistung erbracht wird;
   - die Person, Eigenschaften oder Rechte des Unternehmers wie Identität, Vermögen einschließlich der Rechte des geistigen Eigentums, den Umfang von Verpflichtungen, Befähigung, Status, Zulassung, Mitgliedschaften oder Beziehungen, Auszeichnungen oder Ehrungen, Beweggründe für die geschäftliche Handlung oder die Art des Vertriebs;
   - Aussagen oder Symbole, die im Zusammenhang mit direktem oder indirektem Sponsoring stehen oder sich auf eine Zulassung des Unternehmers oder der Waren oder Dienstleistungen beziehen;
   - die Notwendigkeit einer Leistung, eines Ersatzteils, eines Austauschs oder einer Reparatur;
   - die Einhaltung eines Verhaltenskodexes, auf den sich der Unternehmer verbindlich verpflichtet hat, wenn er auf diese Bindung hinweist, oder
   - Rechte des Verbrauchers, insbesondere solche auf Grund von Garantieversprechen oder Gewährleistungsrechte bei Leistungsstörungen.
2. Eine geschäftliche Handlung ist auch irreführend, wenn sie im Zusammenhang mit der Vermarktung von Waren oder Dienstleistungen einschließlich vergleichender Werbung eine Verwechslungsgefahr mit einer anderen Ware oder Dienstleistung oder mit der Marke oder einem anderen Kennzeichen eines Mitbewerbers hervorruft.
3. Angaben im Sinne von Absatz 1 Satz 2 sind auch Angaben im Rahmen vergleichender Werbung sowie bildliche Darstellungen und sonstige Veranstaltungen, die darauf zielen und geeignet sind, solche Angaben zu ersetzen.
4. Es wird vermutet, dass es irreführend ist, mit der Herabsetzung eines Preises zu werben, sofern der Preis nur für eine unangemessen kurze Zeit gefordert worden ist. Ist streitig, ob und in welchem Zeitraum der Preis gefordert worden ist, so trifft die Beweislast denjenigen, der mit der Preisherabsetzung geworben hat.

§ 5 a Irreführung durch Unterlassung

1. Bei der Beurteilung, ob das Verschweigen einer Tatsache irreführend ist, sind insbesondere deren Bedeutung für die geschäftliche Entscheidung nach der Verkehrsauffassung sowie die Eignung des Verschweigens zur Beeinflussung der Entscheidung zu berücksichtigen.
2. Unlauter handelt, wer die Entscheidungsfähigkeit von Verbrauchern im Sinne des § 3 Abs. 2 dadurch beeinflusst, dass er eine Information vorenthält, die im konkreten Fall unter Berücksichtigung aller Umstände einschließlich der Beschränkung des Kommunikationsmittels wesentlich ist.
3. Werden Waren oder Dienstleistungen unter Hinweis auf deren Merkmale und Preis in einer dem verwendeten Kommunikationsmittel angemessenen Weise so angeboten, dass ein durchschnittlicher Verbraucher das Geschäft abschließen kann, gelten folgende Informationen als wesentlich im Sinne des Absatzes 2, sofern sie sich nicht unmittelbar aus den Umständen ergeben:
   - alle wesentlichen Merkmale der Ware oder Dienstleistung in dem dieser und dem verwendeten Kommunikationsmittel angemessenen Umfang;
   - die Identität und Anschrift des Unternehmers, gegebenenfalls die Identität und Anschrift des Unternehmers, für den er handelt;
   - der Endpreis oder in Fällen, in denen ein solcher Preis auf Grund der Beschaffenheit der Ware oder Dienstleistung nicht im Voraus berechnet werden kann, die Art der Preisberechnung sowie gegebenenfalls alle zusätzlichen Fracht-, Liefer- und Zustellkosten oder in Fällen, in denen diese Kosten nicht im Voraus berechnet werden können, die Tatsache, dass solche zusätzlichen Kosten anfallen können;
   - Zahlungs-, Liefer- und Leistungsbedingungen sowie Verfahren zum Umgang mit Beschwerden, soweit sie von Erfordernissen der fachlichen Sorgfalt abweichen, und
   - das Bestehen eines Rechts zum Rücktritt oder Widerruf.
4. Als wesentlich im Sinne des Absatzes 2 gelten auch Informationen, die dem Verbraucher auf Grund gemeinschaftsrechtlicher Verordnungen oder nach Rechtsvorschriften zur Umsetzung gemeinschaftsrechtlicher Richtlinien für kommerzielle Kommunikation einschließlich Werbung und Marketing nicht vorenthalten werden dürfen.

§ 6 Vergleichende Werbung

1. Vergleichende Werbung ist jede Werbung, die unmittelbar oder mittelbar einen Mitbewerber oder die von einem Mitbewerber angebotenen Waren oder Dienstleistungen erkennbar macht.
2. Unlauter handelt, wer vergleichend wirbt, wenn der Vergleich
   - sich nicht auf Waren oder Dienstleistungen für den gleichen Bedarf oder dieselbe Zweckbestimmung bezieht,
   - nicht objektiv auf eine oder mehrere wesentliche, relevante, nachprüfbare und typische Eigenschaften oder den Preis dieser Waren oder Dienstleistungen bezogen ist,
   - im geschäftlichen Verkehr zu einer Gefahr von Verwechslungen zwischen dem Werbenden und einem Mitbewerber oder zwischen den von diesen angebotenen Waren oder Dienstleistungen oder den von ihnen verwendeten Kenzeichen führt,
   - den Ruf des von einem Mitbewerber verwendeten Kennzeichens in unlauterer Weise ausnutzt oder beeinträchtigt,
   - die Waren, Dienstleistungen, Tätigkeiten oder persönlichen oder geschäftlichen

Verhältnisse eines Mitbewerbers herabsetzt oder verunglimpft oder
- eine Ware oder Dienstleistung als Imitation oder Nachahmung einer unter einem geschützten Kennzeichen vertriebenen Ware oder Dienstleistung darstellt.

§7 Unzumutbare Belästigungen

1. Eine geschäftliche Handlung, durch die ein Marktteilnehmer in unzumutbarer Weise belästigt wird, ist unzulässig. Dies gilt insbesondere für Werbung, obwohl erkennbar ist, dass der angesprochene Marktteilnehmer diese Werbung nicht wünscht.
2. Eine unzumutbare Belästigung ist stets anzunehmen
   - bei Werbung unter Verwendung eines in den Nummern 2 und 3 nicht aufgeführten, für den Fernabsatz geeigneten Mittels der kommerziellen Kommunikation, durch die ein Verbraucher hartnäckig angesprochen wird, obwohl er dies erkennbar nicht wünscht;
   - bei Werbung mit einem Telefonanruf gegenüber einem Verbraucher ohne dessen vorherige ausdrückliche Einwilligung oder gegenüber einem sonstigen Marktteilnehmer ohne dessen zumindest mutmaßliche Einwilligung;
   - bei Werbung unter Verwendung einer automatischen Anrufmaschine, eines Faxgerätes oder elektronischer Post, ohne dass eine vorherige ausdrückliche Einwilligung des Adressaten vorliegt, oder
   - bei Werbung mit einer Nachricht, bei der die Identität des Absenders, in dessen Auftrag die Nachricht übermittelt wird, verschleiert oder verheimlicht wird oder bei der keine gültige Adresse vorhanden ist, an die der Empfänger eine Aufforderung zur Einstellung solcher Nachrichten richten kann, ohne dass hierfür andere als die Übermittlungskosten nach Basistarifen entstehen.
3. Abweichend von Absatz 2 Nr. 3 ist eine unzumutbare Belästigung bei einer Werbung unter Verwendung elektronischer Post nicht anzunehmen, wenn
   - ein Unternehmer im Zusammenhang mit dem Verkauf einer Ware oder Dienstleistung von dem Kunden dessen elektronische Postadresse erhalten hat,
   - der Unternehmer die Adresse zur Direktwerbung für eigene ähnliche Waren oder Dienstleistungen verwendet,
   - der Kunde der Verwendung nicht widersprochen hat und
   - der Kunde bei Erhebung der Adresse und bei jeder Verwendung klar und deutlich darauf hingewiesen wird, dass er der Verwendung jederzeit widersprechen kann, ohne das hierfür andere als die Übermittlungskosten nach den Basistarifen entstehen.

Kapitel 2: Rechtsfolgen

§8 Beseitigung und Unterlassung

1. Wer eine nach § 3 oder §7 unzulässige geschäftliche Handlung vornimmt, kann auf Beseitigung und bei Wiederholungsgefahr auf Unterlassung in Anspruch genommen werden. Der Anspruch auf Unterlassung besteht bereits dann, wenn eine derartige Zuwiderhandlung gegen § 3 oder §7 droht.
2. Werden die Zuwiderhandlungen in einem Unternehmen von einem Mitarbeiter oder Beauftragten begangen, so sind der Unterlassungsanspruch und der Beseitigungsanspruch auch gegen den Inhaber des Unternehmens begründet.
3. **Die Ansprüche aus Absatz 1 stehen zu:**
   - jedem Mitbewerber;

- rechtsfähigen Verbänden zur Förderung gewerblicher oder selbständiger beruflicher Interessen, soweit ihnen eine erhebliche Zahl von Unternehmern angehört, die Waren oder Dienstleistungen gleicher oder verwandter Art auf demselben Markt vertreiben, soweit sie insbesondere nach ihrer personellen, sachlichen und finanziellen Ausstattung imstande sind, ihre satzungsmäßigen Aufgaben der Verfolgung gewerblicher oder selbständiger beruflicher Interessen tatsächlich wahrzunehmen und soweit die Zuwiderhandlung die Interessen ihrer Mitglieder berührt;
- qualifizierten Einrichtungen, die nachweisen, dass sie in die Liste qualifizierter Einrichtungen nach § 4 des Unterlassungsklagengesetzes oder in dem Verzeichnis der Kommission der Europäischen Gemeinschaften nach Artikel 4 der Richtlinie 98/27/EG des Europäischen Parlaments und des Rates vom 19. Mai 1998 über Unterlassungsklagen zum Schutz der Verbraucherinteressen (ABl. EG Nr. L 166 S. 51) eingetragen sind;
- den Industrie- und Handelskammern oder den Handwerkskammern.

4. Die Geltendmachung der in Absatz 1 bezeichneten Ansprüche ist unzulässig, wenn sie unter Berücksichtigung der gesamten Umstände missbräuchlich ist, insbesondere wenn sie vorwiegend dazu dient, gegen den Zuwiderhandelnden einen Anspruch auf Ersatz von Aufwendungen oder Kosten der Rechtsverfolgung entstehen zu lassen.
5. § 13 des Unterlassungsklagengesetzes und die darin enthaltene Verordnungsermächtigung gelten mit der Maßgabe entsprechend, dass an die Stelle der Klageberechtigten nach § 3 Abs. 1 Nr. 1 und 3 des Unterlassungsklagengesetzes die gemäß § 8 Abs. 3 Nr. 3 und 4 zur Geltendmachung eines Unterlassungsanspruches Berechtigten, an die Stelle der Klageberechtigten nach § 3 Abs. 1 Nr. 2 des Unterlassungsklagengesetzes die gemäß § 8 Abs. 3 Nr. 2 zur Geltendmachung eines Unterlassungsanspruches Berechtigten und an die Stelle der in den §§ 1 und 2 des Unterlassungsklagengesetzes geregelten Unterlassungsansprüche die in §8 bestimmten Unterlassungsansprüche treten. Im Übrigen findet das Unterlassungsklagengesetz keine Anwendung es sei denn, es liegt ein Fall des § 4 a des Unterlassungsklagengesetzes vor.

§9 Schadensersatz

Wer vorsätzlich oder fahrlässig eine nach § 3 oder § 7 unzulässige geschäftliche Handlung vornimmt, ist den Mitbewerbern zum Ersatz des daraus entstehenden Schadens verpflichtet. Gegen verantwortliche Personen von periodischen Druckschriften kann der Anspruch auf Schadensersatz nur bei einer vorsätzlichen Zuwiderhandlung geltend gemacht werden.

§ 10 Gewinnabschöpfung

1. Wer vorsätzlich eine nach § 3 oder § 7 unzulässige geschäftliche Handlung vornimmt und hierdurch zu Lasten einer Vielzahl von Abnehmern einen Gewinn erzielt, kann von den gemäß § 8 Abs. 3 Nr. 2 bis 4 zur Geltendmachung eines Unterlassungsanspruchs Berechtigten auf Herausgabe dieses Gewinns an den Bundeshaushalt in Anspruch genommen werden.
2. Auf den Gewinn sind die Leistungen anzurechnen, die der Schuldner auf Grund der Zuwiderhandlung an Dritte oder an den Staat erbracht hat. Soweit der Schuldner solche Leistungen erst nach Erfüllung des Anspruchs nach Absatz 1 erbracht hat, erstattet die zuständige Stelle des Bundes dem Schuldner den abgeführten Gewinn in Höhe der

nachgewiesenen Zahlungen zurück.
3. Beanspruchen mehrere Gläubiger den Gewinn, so gelten die §§ 428–430 des Bürgerlichen Gesetzbuches entsprechend.
4. Die Gläubiger haben der zuständigen Stelle des Bundes über die Geltendmachung von Ansprüchen nach Absatz 1 Auskunft zu erteilen. Sie können von der zuständigen Stelle des Bundes Erstattung der für die Geltendmachung des Anspruchs erforderlichen Aufwendungen verlangen, soweit sie vom Schuldner keinen Ausgleich erlangen können. Der Erstattungsanspruch ist auf die Höhe des an den Bundeshaushalt abgeführten Gewinns beschränkt.
5. Zuständige Stelle im Sinne der Absätze 2 und 4 ist das Bundesamt für Justiz.

§ 11 Verjährung

1. Die Ansprüche aus §§ 8, 9 und 12 Abs. 1 Satz 2 verjähren in sechs Monaten.
2. Die Verjährungsfrist beginnt, wenn
   - der Anspruch entstanden ist und
   - der Gläubiger von den den Anspruch begründenden Umständen und der Person des Schuldners Kenntnis erlangt oder ohne grobe Fahrlässigkeit erlangen müsste.
3. Schadensersatzansprüche verjähren ohne Rücksicht auf die Kenntnis oder grob fahrlässige Unkenntnis in zehn Jahren von ihrer Entstehung, spätestens in 30 Jahren von der den Schaden auslösenden Handlung an.
4. Andere Ansprüche verjähren ohne Rücksicht auf die Kenntnis oder grob fahrlässige Unkenntnis in drei Jahren von der Entstehung an.

Kapitel 3: Verfahrensvorschriften

§ 12 Anspruchsdurchsetzung, Veröffentlichungsbefugnis, Streitwertminderung

1. Die zur Geltendmachung eines Unterlassungsanspruchs Berechtigten sollen den Schuldner vor der Einleitung eines gerichtlichen Verfahrens abmahnen und ihm Gelegenheit geben, den Streit durch Abgabe einer mit einer angemessenen Vertragsstrafe bewehrten Unterlassungsverpflichtung beizulegen. Soweit die Abmahnung berechtigt ist, kann der Ersatz der erforderlichen Aufwendungen verlangt werden.
2. Zur Sicherung der in diesem Gesetz bezeichneten Ansprüche auf Unterlassung können einstweilige Verfügungen auch ohne die Darlegung und Glaubhaftmachung der in den §§ 935 und 940 der Zivilprozessordnung bezeichneten Voraussetzungen erlassen werden.
3. Ist auf Grund dieses Gesetzes Klage auf Unterlassung erhoben worden, so kann das Gericht der obsiegenden Partei die Befugnis zusprechen, das Urteil auf Kosten der unterliegenden Partei öffentlich bekannt zu machen, wenn sie ein berechtigtes Interesse dartut. Art und Umfang der Bekanntmachung werden im Urteil bestimmt. Die Befugnis erlischt, wenn von ihr nicht innerhalb von drei Monaten nach Eintritt der Rechtskraft Gebrauch gemacht worden ist. Der Ausspruch nach Satz 1 ist nicht vorläufig vollstreckbar.
4. Bei der Bemessung des Streitwerts für Ansprüche nach §8 Abs. 1 ist es wertmindernd zu berücksichtigen, wenn die Sache nach Art und Umfang einfach gelagert ist oder wenn die Belastung einer der Parteien mit den Prozesskosten nach dem vollen Streitwert angesichts ihrer Vermögens- und Einkommensverhältnisse nicht tragbar erscheint.

§ 13 Sachliche Zuständigkeit

1. Für alle bürgerlichen Rechtsstreitigkeiten, mit denen ein Anspruch auf Grund dieses Gesetzes geltend gemacht wird, sind die Landgerichte ausschließlich zuständig. Es gilt § 95 Abs. 1 Nr. 5 des Gerichtsverfassungsgesetzes.
2. Die Landesregierungen werden ermächtigt, durch Rechtsverordnung für die Bezirke mehrerer Landgerichte eines von ihnen als Gericht für Wettbewerbsstreitsachen zu bestimmen, wenn dies der Rechtspflege in Wettbewerbsstreitsachen, insbesondere der Sicherung einer einheitlichen Rechtsprechung, dienlich ist. Die Landesregierungen können die Ermächtigung auf die Landesjustizverwaltungen übertragen.

§ 14 Örtliche Zuständigkeit

1. Für Klagen auf Grund dieses Gesetzes ist das Gericht zuständig, in dessen Bezirk der Beklagte seine gewerbliche oder selbständige berufliche Niederlassung oder in Ermangelung einer solchen seinen Wohnsitz hat. Hat der Beklagte auch keinen Wohnsitz, so ist sein inländischer Aufenthaltsort maßgeblich.
2. Für Klagen auf Grund dieses Gesetzes ist außerdem nur das Gericht zuständig, in dessen Bezirk die Handlung begangen ist. Satz 1 gilt für Klagen, die von den nach § 8 Abs. 3 Nr. 2–4 zur Geltendmachung eines Unterlassungsanspruches Berechtigten erhoben werden, nur dann, wenn der Beklagte im Inland weder eine gewerbliche oder selbständige berufliche Niederlassung noch einen Wohnsitz hat.

§ 15 Einigungsstellen

1. Die Landesregierungen errichten bei Industrie- und Handelskammern Einigungsstellen zur Beilegung von bürgerlichen Rechtsstreitigkeiten, in denen ein Anspruch auf Grund dieses Gesetzes geltend gemacht wird (Einigungsstellen).
2. Die Einigungsstellen sind mit einer vorsitzenden Person, die die Befähigung zum Richteramt nach dem Deutschen Richtergesetz hat, und beisitzenden Personen zu besetzen. Als beisitzende Personen werden im Falle einer Anrufung durch eine nach § 8 Abs. 3 Nr. 3 zur Geltendmachung eines Unterlassungsanspruchs berechtigte qualifizierte Einrichtung Unternehmer und Verbraucher in gleicher Anzahl tätig, sonst mindestens zwei sachverständige Unternehmer. Die vorsitzende Person soll auf dem Gebiet des Wettbewerbsrechts erfahren sein. Die beisitzenden Personen werden von der vorsitzenden Person für den jeweiligen Streitfall aus einer alljährlich für das Kalenderjahr aufzustellenden Liste berufen. Die Berufung soll im Einvernehmen mit den Parteien erfolgen. Für die Ausschließung und Ablehnung von Mitgliedern der Einigungsstelle sind die §§ 41–43 und § 44 Abs. 2–4 der Zivilprozessordnung entsprechend anzuwenden. Über das Ablehnungsgesuch entscheidet das für den Sitz der Einigungsstelle zuständige Landgericht (Kammer für Handelssachen oder, falls es an einer solchen fehlt, Zivilkammer).
3. Die Einigungsstellen können bei bürgerlichen Rechtsstreitigkeiten, in denen ein Anspruch auf Grund dieses Gesetzes geltend gemacht wird, angerufen werden, wenn der Gegner zustimmt. Soweit die Wettbewerbshandlungen Verbraucher betreffen, können die Einigungsstellen von jeder Partei zu einer Aussprache mit dem Gegner über den Streitfall angerufen werden; einer Zustimmung des Gegners bedarf es nicht.
4. Für die Zuständigkeit der Einigungsstellen ist § 14 entsprechend anzuwenden.
5. Die der Einigungsstelle vorsitzende Person kann das persönliche Erscheinen der

Parteien anordnen. Gegen eine unentschuldigt ausbleibende Partei kann die Einigungsstelle ein Ordnungsgeld festsetzen. Gegen die Anordnung des persönlichen Erscheinens und gegen die Festsetzung des Ordnungsgeldes findet die sofortige Beschwerde nach den Vorschriften der Zivilprozessordnung an das für den Sitz der Einigungsstelle zuständige Landgericht (Kammer für Handelssachen oder, falls es an einer solchen fehlt, Zivilkammer) statt.

6. Die Einigungsstelle hat einen gütlichen Ausgleich anzustreben. Sie kann den Parteien einen schriftlichen, mit Gründen versehenen Einigungsvorschlag machen. Der Einigungsvorschlag und seine Begründung dürfen nur mit Zustimmung der Parteien veröffentlicht werden.
7. Kommt ein Vergleich zustande, so muss er in einem besonderen Schriftstück niedergelegt und unter Angabe des Tages seines Zustandekommens von den Mitgliedern der Einigungsstelle, welche in der Verhandlung mitgewirkt haben, sowie von den Parteien unterschrieben werden. Aus einem vor der Einigungsstelle geschlossenen Vergleich findet die Zwangsvollstreckung statt; § 797 a der Zivilprozessordnung ist entsprechend anzuwenden.
8. Die Einigungsstelle kann, wenn sie den geltend gemachten Anspruch von vornherein für unbegründet oder sich selbst für unzuständig erachtet, die Einleitung von Einigungsverhandlungen ablehnen.
9. Durch die Anrufung der Einigungsstelle wird die Verjährung in gleicher Weise wie durch Klageerhebung gehemmt. Kommt ein Vergleich nicht zustande, so ist der Zeitpunkt, zu dem das Verfahren beendet ist, von der Einigungsstelle festzustellen. Die vorsitzende Person hat dies den Parteien mitzuteilen.
10. Ist ein Rechtsstreit der in Absatz 3 Satz 2 bezeichneten Art ohne vorherige Anrufung der Einigungsstelle anhängig gemacht worden, so kann das Gericht auf Antrag den Parteien unter Anberaumung eines neuen Termins aufgeben, vor diesem Termin die Einigungsstelle zur Herbeiführung eines gütlichen Ausgleichs anzurufen. In dem Verfahren über den Antrag auf Erlass einer einstweiligen Verfügung ist diese Anordnung nur zulässig, wenn der Gegner zustimmt. Absatz 8 ist nicht anzuwenden. Ist ein Verfahren vor der Einigungsstelle anhängig, so ist eine erst nach Anrufung der Einigungsstelle erhobene Klage des Antragsgegners auf Feststellung, dass der geltend gemachte Anspruch nicht bestehe, nicht zulässig.
11. Die Landesregierungen werden ermächtigt, durch Rechtsverordnung die zur Durchführung der vorstehenden Bestimmungen und zur Regelung des Verfahrens vor den Einigungsstellen erforderlichen Vorschriften zu erlassen, insbesondere über die Aufsicht über die Einigungsstellen, über ihre Besetzung unter angemessener Beteiligung der nicht den Industrie- und Handelskammern angehörenden Unternehmern (§ 2 Abs. 2 bis 6 des Gesetzes zur vorläufigen Regelung des Rechts der Industrie- und Handelskammern vom 18. Dezember 1956, BGBl. I S. 920), und über die Vollstreckung von Ordnungsgeldern, sowie Bestimmungen über die Erhebung von Auslagen durch die Einigungsstelle zu treffen. Bei der Besetzung der Einigungsstellen sind die Vorschläge der für ein Bundesland errichteten, mit öffentlichen Mitteln geförderten Verbraucherzentralen zur Bestimmung der in Absatz 2 Satz 2 genannten Verbraucher zu berücksichtigen.
12. Abweichend von Absatz 2 Satz 1 kann in den Ländern Brandenburg, Mecklenburg-Vorpommern, Sachsen, Sachsen-Anhalt und Thüringen die Einigungsstelle auch mit

einem Rechtskundigen als Vorsitzendem besetzt werden, der die Befähigung zum Berufsrichter nach dem Recht der Deutschen Demokratischen Republik erworben hat.

Kapitel 4: Straf- und Bußgeldvorschriften

§20 Bußgeldvorschriften

1. Ordnungswidrig handelt, wer vorsätzlich oder fahrlässig entgegen §7 Abs. 1 in Verbindung mit Abs. 2 Nr. 2 gegenüber einem Verbraucher ohne dessen vorherige ausdrückliche Einwilligung mit einem Telefonanruf wirbt.
2. Die Ordnungswidrigkeit kann mit einer Geldbuße bis zu 50.000 Euro geahndet werden.
3. Verwaltungsbehörde im Sinne des § 36 Abs. 1 Nr. 1 des Gesetzes über Ordnungswidrigkeiten ist die Bundesnetzagentur für Elektrizität, Gas, Telekommunikation, Post und Eisenbahnen."

Anhang (zu §3 Abs. 3)

Unzulässige geschäftliche Handlungen im Sinne des § 3 Abs. 3 sind

- die unwahre Angabe eines Unternehmers, zu den Unterzeichnern eines Verhaltenskodexes zu gehören;
- die Verwendung von Gütezeichen, Qualitätskennzeichen oder Ähnlichem ohne die erforderliche Genehmigung;
- die unwahre Angabe, ein Verhaltenskodex sei von einer öffentlichen o.a. Stelle gebilligt,
- die unwahre Angabe, ein Unternehmer, eine von ihm vorgenommene geschäftliche Handlung oder eine Ware oder Dienstleistung sei von einer öffentlichen oder privaten Stelle bestätigt, gebilligt oder genehmigt worden, oder die unwahre Angabe, den Bedingungen für die Bestätigung, Billigung oder Genehmigung werde entsprochen;
- Waren- oder Dienstleistungsangebote im Sinne des § 5 a Abs. 3 zu einem bestimmten Preis, wenn der Unternehmer nicht darüber aufklärt, dass er hinreichende Gründe für die Annahme hat, er werde nicht in der Lage sein, diese oder gleichartige Waren oder Dienstleistungen für einen angemessenen Zeitraum in angemessener Menge zum genannten Preis bereitzustellen oder bereitstellen zu lassen (Lockangebote). Ist die Bevorratung kürzer als zwei Tage, obliegt es dem Unternehmer, die Angemessenheit nachzuweisen.
- Waren- oder Dienstleistungsangebote im Sinne des § 5 a Abs. 3 zu einem bestimmten Preis, wenn der Unternehmer sodann in der Absicht, stattdessen eine andere Ware oder Dienstleistung abzusetzen, eine fehlerhafte Ausführung der Ware oder Dienstleistung vorführt oder sich weigert zu zeigen, was er beworben hat, oder sich weigert, Bestellungen dafür anzunehmen oder die beworbene Leistung innerhalb einer vertretbaren Zeit zu erbringen;
- die unwahre Angabe, bestimmte Waren oder Dienstleistungen seien allgemein oder zu bestimmten Bedingungen nur für einen sehr begrenzten Zeitraum verfügbar, um den Verbraucher zu einer sofortigen geschäftlichen Entscheidung zu veranlassen, ohne dass dieser Zeit und Gelegenheit hat, sich auf Grund von Informationen zu entscheiden;
- Kundendienstleistungen in einer anderen Sprache als derjenigen, in der die Verhandlungen vor dem Abschluss des Geschäfts geführt worden sind, wenn die ursprünglich verwendete Sprache nicht Amtssprache des Mitgliedstaats ist, in dem der Unternehmer niedergelassen ist; dies gilt nicht, soweit Verbraucher vor dem Abschluss des Geschäfts darüber aufgeklärt werden, dass diese Leistungen in einer anderen als der ursprünglich verwendeten Sprache erbracht werden;

- die unwahre Angabe oder das Erwecken des unzutreffenden Eindrucks, eine Ware oder Dienstleistung sei verkehrsfähig;
- die unwahre Angabe oder das Erwecken des unzutreffenden Eindrucks, gesetzlich bestehende Rechte stellten eine Besonderheit des Angebots dar;
- der vom Unternehmer finanzierte Einsatz redaktioneller Inhalte zu Zwecken der Verkaufsförderung, ohne dass sich dieser Zusammenhang aus dem Inhalt oder aus der Art der optischen oder akustischen Darstellung eindeutig ergibt (als Information getarnte Werbung);
- unwahre Angaben über Art und Ausmaß einer Gefahr für die persönliche Sicherheit des Verbrauchers oder seiner Familie für den Fall, dass er die angebotene Ware nicht erwirbt oder angebotene Dienstleistung nicht in Anspruch nimmt;
- Werbung für eine Ware oder Dienstleistung, die der Ware oder Dienstleistung eines Mitbewerbers ähnlich ist, wenn dies in der Absicht geschieht, über die betriebliche Herkunft der beworbenen Ware oder Dienstleistung zu täuschen;
- die Einführung, der Betrieb oder die Förderung eines Systems zur Verkaufsförderung, das den Eindruck vermittelt, allein oder hauptsächlich durch die Einführung weiterer Teilnehmer in das System könne eine Vergütung erlangt werden (Schneeball- oder Pyramidensystem);
- die unwahre Angabe, der Unternehmer werde demnächst sein Geschäft aufgeben oder seine Geschäftsräume verlegen;
- die Angabe, durch eine bestimmte Ware oder Dienstleistung ließen sich die Gewinnchancen bei einem Glücksspiel erhöhen;
- die unwahre Angabe oder das Erwecken des unzutreffenden Eindrucks, der Verbraucher habe bereits einen Preis gewonnen oder werde ihn gewinnen oder werde durch eine bestimmte Handlung einen Preis gewinnen oder einen sonstigen Vorteil erlangen, wenn es einen solchen Preis oder Vorteil tatsächlich nicht gibt, oder wenn jedenfalls die Möglichkeit, einen Preis oder sonstigen Vorteil zu erlangen, von der Zahlung eines Geldbetrages oder der Übernahme von Kosten abhängig gemacht wird;
- die unwahre Angabe, eine Ware oder Dienstleistung könne Krankheiten, Funktionsstörungen oder Missbildungen heilen;
- eine unwahre Angabe über die Marktbedingungen oder Bezugsquellen, um den Verbraucher dazu zu bewegen, eine Ware oder Dienstleistung zu weniger günstigen Bedingungen als den allgemeinen Marktbedingungen abzunehmen oder in Anspruch zu nehmen;
- das Angebot eines Wettbewerbs oder Preisausschreibens, wenn weder die in Aussicht gestellten Preise noch ein angemessenes Äquivalent vergeben werden;
- das Angebot einer Ware oder Dienstleistung als „gratis“, „umsonst“, „kostenfrei“ oder dergleichen, wenn hierfür gleichwohl Kosten zu tragen sind; dies gilt nicht für Kosten, die im Zusammenhang mit dem Eingehen auf das Waren- oder Dienstleistungsangebot oder für die Abholung oder Lieferung der Ware oder die Inanspruchnahme der Dienstleistung unvermeidbar sind;
- die Übermittlung von Werbematerial unter Beifügung einer Zahlungsaufforderung, wenn damit der unzutreffende Eindruck vermittelt wird, die beworbene Ware oder Dienstleistung sei bereits bestellt;
- die unwahre Angabe oder das Erwecken des unzutreffenden Eindrucks, der Unternehmer sei Verbraucher oder nicht für Zwecke seines Geschäfts, Handels, Gewerbes, oder Berufs tätig;

- die unwahre Angabe oder das Erwecken des unzutreffenden Eindrucks, es sei im Zusammenhang mit Waren oder Dienstleistungen in einem andern Mitgliedstaat der Europäischen Union als dem des Warenverkaufs oder der Dienstleistung ein Kundendienst verfügbar;
- das Erwecken des Eindrucks, der Verbraucher könne bestimmte Räumlichkeiten nicht ohne vorherigen Vertragsabschluss verlassen;
- bei persönlichem Aufsuchen in der Wohnung die Nichtbeachtung einer Aufforderung des Besuchten, diese zu verlassen oder nicht zu ihr zurückzukehren, es sei denn, der Besuch ist zur rechtmäßigen Durchsetzung einer vertraglichen Verpflichtung gerechtfertigt;
- Maßnahmen, durch die der Verbraucher von der Durchsetzung seiner vertraglichen Rechte aus einem Versicherungsverhältnis dadurch abgehalten werden soll, dass von ihm bei der Geltendmachung seines Anspruchs die Vorlage von Unterlagen verlangt wird, die zum Nachweis dieses Anspruchs nicht erforderlich sind, oder dass Schreiben zur Geltendmachung eines solchen Anspruchs systematisch nicht beantwortet werden;
- die in eine Werbung einbezogene unmittelbare Aufforderung an Kinder, selbst die beworbene Ware zu erwerben oder die beworbene Dienstleistung in Anspruch zu nehmen oder ihre Eltern oder andere Erwachsene dazu zu veranlassen;
- die Aufforderung zur Bezahlung nicht bestellter Ware oder Dienstleistungen oder eine Aufforderung zur Rücksendung oder Aufbewahrung nicht bestellter Sachen, sofern es sich nicht um eine nach den Vorschriften über Vertragsabschlüsse im Fernabsatz zulässige Ersatzlieferung handelt, und
- die ausdrückliche Angabe, dass der Arbeitsplatz oder Lebensunterhalt des Unternehmers gefährdet sei, wenn der Verbraucher die Ware oder Dienstleistung nicht abnehme.

PAngV Preisangabenverordnung (Auszüge)
§ 1 Grundvorschriften

1. Wer Letztverbrauchern gewerbs- oder geschäftsmäßig oder regelmäßig in sonstiger Weise Waren oder Leistungen anbietet oder als Anbieter von Waren oder Leistungen gegenüber Letztverbrauchern unter Angabe von Preisen wirbt, hat die Preise anzugeben, die einschließlich der Umsatzsteuer und sonstiger Preisbestandteile zu zahlen sind (Endpreise). Soweit es der allgemeinen Verkehrsauffassung entspricht, sind auch die Verkaufs- oder Leistungseinheit und die Gütebezeichnung anzugeben, auf die sich die Preise beziehen. Auf die Bereitschaft, über den angegebenen Preis zu verhandeln, kann hingewiesen werden, soweit es der allgemeinen Verkehrsauffassung entspricht und Rechtsvorschriften nicht entgegenstehen.
2. Wer Letztverbrauchern gewerbs- oder geschäftsmäßig oder regelmäßig in sonstiger Weise Waren oder Leistungen zum Abschluss eines Fernabsatzvertrages anbietet, hat zusätzlich zu Absatz 1 und § 2 Abs. 2 anzugeben,
   2.1 dass die für Waren oder Leistungen geforderten Preise die Umsatzsteuer und sonstige Preisbestandteile enthalten und
   2.2 ob zusätzlich Liefer- und Versandkosten anfallen.
   Fallen zusätzliche Liefer- und Versandkosten an, so ist deren Höhe anzugeben. Soweit die vorherige Angabe in bestimmten Fällen nicht möglich ist, sind die näheren Einzelheiten der Berechnung anzugeben, auf Grund derer der Letztverbraucher die Höhe leicht errechnen kann.

3. Bei Leistungen können, soweit es üblich ist, abweichend von Absatz 1 Satz 1 Stundensätze, Kilometersätze und andere Verrechnungssätze angegeben werden, die alle Leistungselemente einschließlich der anteiligen Umsatzsteuer enthalten. Die Materialkosten können in die Verrechnungssätze einbezogen werden.
4. Wird außer dem Entgelt für eine Ware oder Leistung eine rückerstattbare Sicherheit gefordert, so ist deren Höhe neben dem Preis für die Ware oder Leistung anzugeben und kein Gesamtbetrag zu bilden.

...

6. Die Angaben nach dieser Verordnung müssen der allgemeinen Verkehrsauffassung und den Grundsätzen von Preisklarheit und Preiswahrheit entsprechen. Wer zu Angaben nach dieser Verordnung verpflichtet ist, hat diese dem Angebot oder der Werbung eindeutig zuzuordnen sowie leicht erkennbar und deutlich lesbar oder sonst gut wahrnehmbar zu machen. Bei der Aufgliederung von Preisen sind die Endpreise hervorzuheben.

§5 Leistungen

1. Wer Leistungen anbietet, hat ein Preisverzeichnis mit den Preisen für seine wesentlichen Leistungen oder in den Fällen des § 1 Abs. 3 mit seinen Verrechnungssätzen aufzustellen. Dieses ist im Geschäftslokal oder am sonstigen Ort des Leistungsangebots und, sofern vorhanden, zusätzlich im Schaufenster oder Schaukasten anzubringen. Ort des Leistungsangebots ist auch die Bildschirmanzeige. Wird eine Leistung über Bildschirmanzeige erbracht und nach Einheiten berechnet, ist eine gesonderte Anzeige über den Preis der fortlaufenden Nutzung unentgeltlich anzubieten.

...

§6 Kredite

1. Bei Krediten sind als Preis die Gesamtkosten als jährlicher Vomhundertsatz des Kredits anzugeben und als „effektiver Jahreszins“ zu bezeichnen.
2. Der anzugebende Vomhundertsatz gemäß Absatz 1 ist mit der in der Anlage angegebenen mathematischen Formel und nach den im Anhang zugrunde gelegten Vorgehensweise zu berechnen. Er beziffert den Zinssatz, mit dem sich der Kredit bei regelmäßigem Kreditverlauf, ausgehend von den tatsächlichen Zahlungen des Kreditgebers und des Kreditnehmers, auf der Grundlage taggenauer Verrechnung aller Leistungen abrechnen lässt. Es gilt die exponentielle Verzinsung auch im unterjährigen Bereich. Ist im Vertrag eine Anpassung des Sollzinssatzes oder anderer Preisbestimmender Faktoren vorbehalten (§ 1 Abs. 5), sind die zum Zeitpunkt des Angebots oder der Werbung geltenden preisbestimmenden Faktoren zugrunde zu legen. Der anzugebende Vomhundertsatz ist mit der im Kreditgewerbe üblichen Genauigkeit zu berechnen.
3. In die Berechnung des anzugebenden Vomhundertsatzes sind als Gesamtkosten die vom Kreditnehmer zu entrichtenden Zinsen und alle sonstigen Kosten einschließlich etwaiger Vermittlungskosten, die der Kreditnehmer im Zusammenhang mit dem Kreditvertrag zu entrichten hat und die dem Kreditgeber bekannt sind, mit Ausnahme folgender Kosten einzubeziehen:
   3.1 Kosten, die vom Kreditnehmer bei Nichterfüllung seiner Verpflichtungen aus dem Kreditvertrag zu tragen sind;
   3.2 Kosten mit Ausnahme des Kaufpreises, die vom Kreditnehmer beim Erwerb von

Waren oder Dienstleistungen unabhängig davon zu tragen sind, ob es sich um ein Bar- oder Kreditgeschäft handelt;

3.3 Kosten für die Führung eines Kontos, auf dem sowohl Zahlungen als auch in Anspruch genommene Kreditbeträge gebucht werden, Kosten für die Verwendung eines Zahlungsauthentifizierungsinstrument, mit dem sowohl Zahlungen getätigt als auch Kreditbeträge in Anspruch genommen werden können, sowie sonstige Kosten für Zahlungsgeschäfte, es sei denn, die Kontoeröffnung ist Voraussetzung für die Kreditvergabe oder die mit dem Konto verbundenen Kosten sind weder im Kreditvertrag noch in einem anderen mit dem Verbraucher geschlossenen Vertrag klar und getrennt ausgewiesen;

3.4 Kosten für solche Versicherungen und für solche anderen Zusatzleistungen, die keine Voraussetzung für die Kreditvergabe oder für die Kreditvergabe zu den vorgesehenen Vertragsbedingungen sind;

3.5 Notarkosten.

4. Ist eine Änderung des Sollzinssatz oder sonstiger in die Berechnung des anzugebenden Vomhundertsatzes einzubeziehender Kosten vorbehalten und ist ihre zahlenmäßige Bestimmung im Zeitpunkt der Berechnung des anzugebenden Vomhundertsatzes nicht möglich, so wird bei der Berechnung von der Annahme ausgegangen, dass der Zinssatz und die sonstigen Kosten gemessen an der ursprünglichen Höhe fest bleiben und bis zum Ende des Kreditvertrages gelten.
5. Erforderlichenfalls ist bei der Berechnung des anzugebenden Vomhundertsatzes von den in der Anlage niedergelegten Annahmen auszugehen:

§ 6 a Werbung für Kreditverträge

1. Wer gegenüber Letztverbrauchern für den Abschluss eines Kreditvertrages mit Zinssätzen oder sonstigen Zahlen, die die Kosten betreffen, wirbt, muss in klarer, verständlicher und auffallender Weise angeben:
   1. den Sollzinssatz,
   2. den Nettodarlehensbetrag,
   3. den effektiven Jahreszins.

   Beim Sollzinssatz ist anzugeben, ob dieser gebunden oder veränderlich oder kombiniert ist und welche sonstigen Kosten der Beworbene im Falle eines Vertragsabschlusses im Einzelnen zu entrichten hätte.
2. Die Werbung muss zusätzlich die folgenden Angaben enthalten, sofern diese vom Werbenden zur Voraussetzung für den Abschluss des beworbenen Vertrags gemacht werden:
   1. die Vertragslaufzeit,
   2. bei Teilzahlungsgeschäften…
   3. gegebenenfalls…
3. Die in den Absätzen 1 und 2 genannten Angaben sind mit einem Beispiel zu versehen. Bei der Auswahl des Beispiels muss der Werbende von einem effektiven Jahreszins ausgehen, von dem er erwarten darf, dass er mindestens zwei Drittel der auf Grund der Werbung zustande kommenden Verträge zu dem angegebenen oder einem niedrigeren effektiven Jahreszins abschließen wird.
4. Verlangt der Werbende den Abschluss eines Versicherungsvertrages oder eines Vertrages über andere Zusatzleistungen und können die Kosten für diesen Vertrag nicht im Voraus bestimmt werden, ist auf die Verpflichtung zum Abschluss dieses Vertra-

ges klar und verständlich an gestalterisch hervorgehobener Stelle zusammen mit dem effektiven Jahreszins hinzuweisen.

§ 9 Ausnahmen

1. Die Vorschriften dieser Verordnung sind nicht anzuwenden
   1.1 auf Angebote oder Werbung gegenüber Letztverbrauchern, die die Ware oder Leistung in ihrer selbständigen beruflichen oder gewerblichen oder in ihrer behördlichen oder dienstlichen Tätigkeit verwenden; für Handelsbetriebe gilt dies nur, wenn sie sicherstellen, dass als Letztverbraucher ausschließlich die in Halbsatz 1 genannten Personen Zutritt haben, und wenn sie durch geeignete Maßnahmen dafür Sorge tragen, dass diese Personen nur die in ihrer jeweiligen Tätigkeit verwendbaren Waren kaufen;

...

WoVermG Wohnungsvermittlungsgesetz (Auszüge)

§ 1 Begriff des Wohnungsvermittlers

1. Wohnungsvermittler im Sinne dieses Gesetzes ist, wer den Abschluß von Mietverträgen über Wohnräume vermittelt oder die Gelegenheit zum Abschluß von Mietverträgen über Wohnräume nachweist.

§ 3 Entgelt; Auslagen

1. Das Entgelt nach § 2 Abs. 1 ist in einem Bruchteil oder Vielfachen der Monatsmiete anzugeben.

...

§ 6 Angebote; Anforderungen an Anzeigen

1. Der Wohnungsvermittler darf Wohnräume nur anbieten, wenn er dazu einen Auftrag von dem Vermieter oder einem anderen Berechtigten hat.
2. Der Wohnungsvermittler darf öffentlich, insbesondere in Zeitungsanzeigen, auf Aushängetafeln und dergleichen, nur unter Angabe seines Namens und der Bezeichnung als Wohnungsvermittler Wohnräume anbieten oder suchen; bietet er Wohnräume an, so hat er auch den Mietpreis der Wohnräume anzugeben und darauf hinzuweisen, ob Nebenleistungen besonders zu vergüten sind.

TMG Telemediengesetz (Auszüge)

§ 1 Anwendungsbereich

1. Dieses Gesetz gilt für alle elektronischen Informations- und Kommunikationsdienste, soweit sie nicht Telekommunikationsdienste nach § 3 Nr. 24 des Telekommunikationsgesetzes, die ganz in der Übertragung von Signalen über Telekommunikationsnetze bestehen, telekommunikationsgestützte Dienste nach § 3 Nr. 25 des Telekommunikationsgesetzes oder Rundfunk nach § 2 des Rundfunkstaatsvertrages sind (Telemedien). Dieses Gesetz gilt für alle Anbieter einschließlich der öffentlichen Stellen unabhängig davon, ob für die Nutzung ein Entgelt erhoben wird.
2. Dieses Gesetz gilt nicht für den Bereich der Besteuerung.
3. Das Telekommunikationsgesetz und die Pressegesetze bleiben unberührt.

4. Die an die Inhalte von Telemedien zu richtenden besonderen Anforderungen ergeben sich aus dem Staatsvertrag für Rundfunk und Telemedien (Rundfunkstaatsvertrag).
5. Dieses Gesetz trifft weder Regelungen im Bereich des internationalen Privatrechts noch regelt es die Zuständigkeit der Gerichte.

§2 Begriffsbestimmungen

Im Sinne dieses Gesetzes

1. ist Diensteanbieter jede natürliche oder juristische Person, die eigene oder fremde Telemedien zur Nutzung bereithält oder den Zugang zur Nutzung vermittelt,
2. ist niedergelassener Diensteanbieter jeder Anbieter, der mittels einer festen Einrichtung auf unbestimmte Zeit Telemedien geschäftsmäßig anbietet oder erbringt; der Standort der technischen Einrichtung allein begründet keine Niederlassung des Anbieters,
3. ist Nutzer jede natürliche oder juristische Person, die Telemedien nutzt, insbesondere um Informationen zu erlangen oder zugänglich zu machen,
4. sind Verteildienste Telemedien, die im Wege einer Übertragung von Daten ohne individ. Anforderung gleichzeitig für eine unbegrenzte Anzahl von Nutzern erbracht werden,
5. ist kommerzielle Kommunikation jede Form der Kommunikation, die der unmittelbaren oder mittelbaren Förderung des Absatzes von Waren, Dienstleistungen oder des Erscheinungsbilds eines Unternehmens, einer sonstigen Organisation oder einer natürlichen Person dient, die eine Tätigkeit im Handel, Gewerbe oder Handwerk oder einen freien Beruf ausübt; die Übermittlung der folgenden Angaben stellt als solche keine Form der kommerziellen Kommunikation dar:
   a) Angaben, die unmittelbaren Zugang zur Tätigkeit des Unternehmens oder der Organisation oder Person ermöglichen, wie insbesondere ein Domain- Name oder eine Adresse der elektronischen Post,
   b) Angaben in Bezug auf Waren und Dienstleistungen oder das Erscheinungsbild eines Unternehmens, einer Organisation oder Person, die unabhängig und insbesondere ohne finanzielle Gegenleistung gemacht werden.

Einer juristischen Person steht eine Personengesellschaft gleich, die mit der Fähigkeit ausgestattet ist, Rechte zu erwerben und Verbindlichkeiten einzugehen.

§5 Allgemeine Informationspflichten

1. Diensteanbieter haben für geschäftsmäßige, in der Regel gegen Entgelt angebotene Telemedien folgende Informationen leicht erkennbar, unmittelbar erreichbar und ständig verfügbar zu halten:
   1.1 den Namen und die Anschrift, unter der sie niedergelassen sind, bei juristischen Personen zusätzlich die Rechtsform, den Vertretungsberechtigten und, sofern Angaben über das Kapital der Gesellschaft gemacht werden, das Stamm- oder Grundkapital sowie, wenn nicht alle in Geld zu leistenden Einlagen eingezahlt sind, der Gesamtbetrag der ausstehenden Einlagen,
   1.2 Angaben, die eine schnelle elektronische Kontaktaufnahme und unmittelbare Kommunikation mit ihnen ermöglichen, einschließlich der Adresse der elektronischen Post,
   1.3 soweit der Dienst im Rahmen einer Tätigkeit angeboten oder erbracht wird, die der behördlichen Zulassung bedarf, Angaben zur zuständigen Aufsichtsbehörde,

1.4 das Handelsregister, Vereinsregister, Partnerschaftsregister oder Genossenschaftsregister, in das sie eingetragen sind, und die entsprechende Registernummer,
1.5 soweit der Dienst in Ausübung eines Berufs im Sinne von Artikel 1 Buchstabe d der Richtlinie 89/48/EWG des Rates vom 21. Dezember 1988 über eine allgemeine Regelung zur Anerkennung der Hochschuldiplome, die eine mindestens dreijährige Berufsausbildung abschließen (ABl. EG Nr. L 19 S. 16), oder im Sinne von Artikel 1 Buchstabe f der Richtlinie 92/51/ EWG des Rates vom 18. Juni 1992 über eine zweite allgemeine Regelung zur Anerkennung beruflicher Befähigungsnachweise in Ergänzung zur Richtlinie 89/48/EWG (ABl. EG Nr. L 209 S. 25, 1995 Nr. L 17 S. 20), zuletzt geändert durch die Richtlinie 97/38/ EG der Kommission vom 20. Juni 1997 (ABl. EG Nr. L 184 S. 31), angeboten oder erbracht wird, Angaben über
   a) die Kammer, welcher die Diensteanbieter angehören,
   b) die gesetzliche Berufsbezeichnung und den Staat, in dem die Berufsbezeichnung verliehen worden ist,
   c) die Bezeichnung der berufsrechtlichen Regelungen und dazu, wie diese zugänglich sind,
1.6 in Fällen, in denen sie eine Umsatzsteueridentifikationsnummer nach § 27a des Umsatzsteuergesetzes oder eine Wirtschafts-Identifikationsnummer nach § 139c der Abgabenordnung besitzen, die Angabe dieser Nummer,
1.7 bei Aktiengesellschaften, Kommanditgesellschaften auf Aktien und Gesellschaften mit beschränkter Haftung, die sich in Abwicklung oder Liquidation befinden, die Angabe hierüber.

2. Weitergehende Informationspflichten nach anderen Rechtsvorschriften bleiben unberührt.

§ 6 Besondere Informationspflichten bei kommerziellen Kommunikationen

1. Diensteanbieter haben bei kommerziellen Kommunikationen, die Telemedien oder Bestandteile von Telemedien sind, mindestens die folgenden Voraussetzungen zu beachten:
   1.1 Kommerzielle Kommunikationen müssen klar als solche zu erkennen sein.
   1.2 Die natürliche oder juristische Person, in deren Auftrag kommerzielle Kommunikationen erfolgen, muss klar identifizierbar sein.
   1.3 Angebote zur Verkaufsförderung wie Preisnachlässe, Zugaben und Geschenke müssen klar als solche erkennbar sein, und die Bedingungen für ihre Inanspruchnahme müssen leicht zugänglich sein sowie klar und unzweideutig angegeben werden.
   1.4 Preisausschreiben oder Gewinnspiele mit Werbecharakter müssen klar als solche erkennbar und die Teilnahmebedingungen leicht zugänglich sein sowie klar und unzweideutig angegeben werden.
2. Werden kommerzielle Kommunikationen per elektronischer Post versandt, darf in der Kopf- und Betreffzeile weder der Absender noch der kommerzielle Charakter der Nachricht verschleiert oder verheimlicht werden. Ein Verschleiern oder Verheimlichen liegt dann vor, wenn die Kopf- und Betreffzeile absichtlich so gestaltet sind, dass der Empfänger vor Einsichtnahme in den Inhalt der Kommunikation keine oder irreführende Informationen über die tatsächliche Identität des Absenders oder den kommerziellen Charakter der Nachricht erhält.
3. Die Vorschriften des Gesetzes gegen den unlauteren Wettbewerb bleiben unberührt.

§ 13 Pflichten des Diensteanbieters

1. Der Diensteanbieter hat den Nutzer zu Beginn des Nutzungsvorgangs über Art, Umfang und Zwecke der Erhebung und Verwendung personenbezogener Daten sowie über die Verarbeitung seiner Daten in Staaten außerhalb des Anwendungsbereichs der Richtlinie 95/46/EG des Europäischen Parlaments und des Rates vom 24. Oktober 1995 zum Schutz natürlicher Personen bei der Verarbeitung personenbezogener Daten und zum freien Datenverkehr (ABl. EG Nr. L 281 S. 31) in allgemein verständlicher Form zu unterrichten, sofern eine solche Unterrichtung nicht bereits erfolgt ist. Bei einem automatisierten Verfahren, das eine spätere Identifizierung des Nutzers ermöglicht und eine Erhebung oder Verwendung personenbezogener Daten vorbereitet, ist der Nutzer zu Beginn dieses Verfahrens zu unterrichten. Der Inhalt der Unterrichtung muss für den Nutzer jederzeit abrufbar sein.
2. Die Einwilligung kann elektronisch erklärt werden, wenn der Diensteanbieter sicherstellt, dass
   2.1 der Nutzer seine Einwilligung bewusst und eindeutig erteilt hat,
   2.2 die Einwilligung protokolliert wird,
   3. der Nutzer den Inhalt der Einwilligung jederzeit abrufen kann und
   2.4 der Nutzer die Einwilligung jederzeit mit Wirkung für die Zukunft widerrufen kann.
3. Der Diensteanbieter hat den Nutzer vor Erklärung der Einwilligung auf das Recht nach Absatz 2 Nr. 4 hinzuweisen. Absatz 1 Satz 3 gilt entsprechend.
4. Der Diensteanbieter hat durch technische und organisatorische Vorkehrungen sicherzustellen, dass
   4.1 der Nutzer die Nutzung des Dienstes jederzeit beenden kann,
   4.2 die anfallenden personenbezogenen Daten über den Ablauf des Zugriffs oder der sonstigen Nutzung unmittelbar nach deren Beendigung gelöscht oder in den Fällen des Satzes 2 gesperrt werden,
   4.3 der Nutzer Telemedien gegen Kenntnisnahme Dritter geschützt in Anspruch nehmen kann,
   4.4 die personenbezogenen Daten über die Nutzung verschiedener Telemedien durch denselben Nutzer getrennt verwendet werden können,
   4.5 Daten nach § 15 Abs 2 nur für Abrechungszwecke zusammengeführt werden können und
   4.6 Nutzungsprofile nach § 15 Abs 3 nicht mit Angaben zur Identifikation des Trägers des Pseudonyms zusammengeführt werden können.
   An die Stelle der Löschung nach Satz 1 Nr. 2 tritt eine Sperrung, soweit einer Löschung gesetzliche, satzungsmäßige oder vertragliche Aufbewahrungsfristen entgegenstehen.
5. Die Weitervermittlung zu einem anderen Diensteanbieter ist dem Nutzer anzuzeigen.
6. Der Diensteanbieter hat die Nutzung von Telemedien und ihre Bezahlung anonym oder unter Pseudonym zu ermöglichen, soweit dies technisch möglich und zumutbar ist. Der Nutzer ist über diese Möglichkeit zu informieren.
7. Der Diensteanbieter hat dem Nutzer nach Maßgabe von § 34 des Bundesdatenschutzgesetzes auf Verlangen Auskunft über die zu seiner Person oder zu seinem Pseudonym gespeicherten Daten zu erteilen. Die Auskunft kann auf Verlangen des Nutzers auch elektronisch erteilt werden.

BGB (Auszüge)

§ 13 Verbraucher

Verbraucher ist jede natürliche Person, die ein Rechtsgeschäft zu einem Zweck abschließt, der weder ihrer gewerblichen noch ihrer selbständigen beruflichen Tätigkeit zugerechnet werden kann.

§ 14 Unternehmer

1. Unternehmer ist eine natürliche oder juristische Person oder eine rechtsfähige Personengesellschaft, die bei Abschluss eines Rechtsgeschäfts in Ausübung ihrer gewerblichen oder selbständigen beruflichen Tätigkeit handelt.
2. Eine rechtsfähige Personengesellschaft ist eine Personengesellschaft, die mit der Fähigkeit ausgestattet ist, Rechte zu erwerben und Verbindlichkeiten einzugehen.

§ 434 Sachmangel

1. Die Sache ist frei von Sachmängeln, wenn sie bei Gefahrübergang die vereinbarte Beschaffenheit hat. Soweit die Beschaffenheit nicht vereinbart ist, ist die Sache frei von Sachmängeln,
   1.1 wenn sie sich für die nach dem Vertrag vorausgesetzte Verwendung eignet, sonst
   1.2 wenn sie sich für die gewöhnliche Verwendung eignet und eine Beschaffenheit aufweist, die bei Sachen der gleichen Art üblich ist und die der Käufer nach der Art der Sache erwarten kann.

Zu der Beschaffenheit nach Satz 2 Nr. 2 gehören auch Eigenschaften, die der Käufer nach den öffentlichen Äußerungen des Verkäufers, des Herstellers (§ 4 Abs. 1 und 2 des Produkthaftungsgesetzes) oder seines Gehilfen insbesondere in der Werbung oder bei der Kennzeichnung über bestimmte Eigenschaften der Sache erwarten kann, es sei denn, dass der Verkäufer die Äußerung nicht kannte und auch nicht kennen musste, dass sie im Zeitpunkt des Vertragsschlusses in gleichwertiger Weise berichtigt war oder dass sie die Kaufentscheidung nicht beeinflussen konnte.

...

Wettbewerbsregeln des Immobilienverband Deutschland IVD Bundesverband der Immobilienberater, Makler, Verwalter und Sachverständigen e. V. gemäß Beschluss der IVD Mitgliederversammlung am 20.05.2006 in Anerkennung des Bundeskartellamts am 18. September 2006 auf der Grundlage des Ursprungsbeschlusses des Bundeskartellamts vom 19.08.1963 veröffentlicht im Bundesanzeiger Nr. 192 vom 12. Oktober 2006, in der Fassung des Beschlusses der IVDMitgliederversammlung vom 20. Mai 2006 in Düsseldorf

Immobilienverband Deutschland IVD Bundesverband der Immobilienberater, Makler, Verwalter und Sachverständigen e. V.

Präambel

Der Immobilienverband Deutschland IVD Bundesverband der Immobilienberater, Makler, Verwalter und Sachverständigen e. V. hat die folgenden Wettbewerbsregeln zu dem Zweck aufgestellt, einen gesunden Leistungswettbewerb sicherzustellen und das Verhalten aller Immobiliendienstleister im Wettbewerb zu regeln, um einem den Grundsätzen des lauteren Wettbewerbs zuwiderlaufenden Verhalten im Wettbewerb entgegenzuwirken.

§ 1 Lauterer Wettbewerb und gute kaufmännische Sitten

Immobiliendienstleister haben im Geschäftsverkehr die Grundsätze des lauteren Wettbewerbs einzuhalten und Handlungen, die guten kaufmännischen Sitten widersprechen, zu unterlassen. Den Maßstab für den Begriff der guten kaufmännischen Sitten bilden die Verkehrsanschauung im Markt und die Berufsauffassung eines ehrbaren Immobiliendienstleisters und dienen dem Zweck, einen leistungsgerechten Wettbewerb sicherzustellen. Immobiliendienstleister haben in ihrem Verhalten untereinander und gegenüber Dritten stets darauf zu achten, dass das Ansehen der einzelnen Berufsangehörigen und des gesamten Berufsstandes gewahrt bleibt. Der Wettbewerb muss sachlich sein und dient der besseren beruflichen Leistung und nicht einem Anlocken oder Abwerben von Kunden durch unerlaubte Hilfsmittel.

§ 2 Verbot unlauteren Verhaltens

Die Werbung mit unrichtigen, unvollständigen oder sonstigen irreführenden Angaben über eigene, geschäftliche und persönliche Verhältnisse, insbesondere über die eigene Leistungsfähigkeit, ist zu unterlassen. Hinweise auf geschäftliche oder persönliche Verhältnisse von Mitbewerbern zu dem Zweck, dass diesen ein Auftrag dadurch nicht erteilt oder wieder entzogen wird, sind unzulässig.
Es widerspricht insbesondere guten kaufmännischen Sitten, zu diesem Zweck auf einen Interessenten durch unzutreffende, herabsetzende oder kreditschädigende Äußerungen über Mitbewerber oder durch Hinweise auf Schwierigkeiten bei der Tätigkeit als Immobiliendienstleister einzuwirken. Ist einem Immobiliendienstleister ein Alleinauftrag erteilt, so ist jede Einwirkung auf den Auftraggeber durch einen anderen Immobiliendienstleister zum Zweck der Auftragsentziehung wettbewerbswidrig.

§3 Gebot klarer Werbung

Die im Wettbewerb über die eigene Leistungskraft und die jeweilige Dienstleistung gemachten Angaben müssen wahr, klar und beweisbar sein. In jeder Werbung muss mindestens der Name des Dienstleisters angegeben sein sowie die gewerbliche Tätigkeit eindeutig gekennzeichnet werden. Bezeichnungen und deren Abkürzungen wie gewerblich – durch – beauftragt – Beauftragter – Alleinauftrag – Grundstücksabteilung – Regelung von – Vertretung von und dergleichen, ohne zusätzliche Berufskennzeichnung, sind nicht ausreichend. Das Gebot klarer Werbung gilt auch für die Eigendarstellung im Internet. Jeder Immobiliendienstleister ist befugt, in einer die Mitbewerber nicht herabsetzenden Form auf die zutreffenden Vorzüge seiner Geschäftsmethoden hinzuweisen.

§ 4 Kennziffer-Anzeigen

Kennziffer-Anzeigen jeglicher Art sind unzulässig. Es ist gleichfalls mit guten kaufmännischen Sitten nicht vereinbar, derartige Anzeigen für Rechnung oder im Auftrage eines Dritten aufzugeben oder sich eines Dritten bei der Aufgabe zu bedienen. Auch dürfen Immobiliendienstleister ihre Kunden nicht veranlassen, derartige Anzeigen aufzugeben mit der Aufforderung, ihnen die eingehenden Angebote zur Bearbeitung zu übermitteln.

Es ist unzulässig, den Antworten auf Inserate, Anfragen und Angebote persönlich oder durch Dritte den Anschein privaten Charakters zu geben und die gewerbliche Tätigkeit zu verschweigen.

§ 5 Führung von Titeln und früheren Berufsbezeichnungen

Titel oder frühere Amts- oder Berufsbezeichnungen sowie Hinweise auf Ehrenämter sind im geschäftlichen Verkehr nicht zu führen, wenn hierdurch der Eindruck einer nicht sachlich begründeten besonderen Leistungsfähigkeit erweckt wird. Akademische Grade sind hiervon nicht betroffen. Bei Firmenfortführung mit akademischem Grad ist ein Nachfolgezusatz hinzuzufügen, wenn Inhaber oder Geschäftsführer keinen entsprechenden akademischen Grad führen.

§6 Unwahre, missverständliche und unvollständige Angaben in der Werbung

Es ist wettbewerbswidrig, unwahre oder missverständliche Angaben in der Werbung zu machen. Dies gilt insbesondere für Preisangaben, für Angaben über die Rendite eines Objektes sowie hinsichtlich Darlehens-Konditionen, Miet- und Pachtbedingungen usw.

§7 Übertreibung in der Werbung

Es widerspricht guten kaufmännischen Sitten, in der Werbung sachlich nicht begründete und nicht objektiv beweisbare Superlative zu verwenden.

§8 Versprechen von Sondervorteilen

Einem Immobiliendienstleister ist untersagt, die kostenlose Beratung besonders hervorzuheben, wenn die Tätigkeit im Rahmen der üblicherweise von ihm erwarteten Dienstleistung erfolgt. Wettbewerbswidrig ist auch jede Werbung, die kostenlose Tätigkeit anpreist, wenn der Immobiliendienstleister tatsächlich von irgendeiner Seite eine Vergütung – gleichgültig in welcher Form – erhält. Es ist ferner wettbewerbswidrig, Vorteile anzubieten oder zu versprechen, damit ein Auftrag erteilt wird.

§ 9 Kopplungsgeschäfte

Es ist unzulässig, den Abschluss oder die Durchführung eines Auftrages von Leistungen abhängig zu machen, die nicht in unmittelbarem Zusammenhang mit der Immobiliendienstleistung stehen.

§ 10 Einschreib- und Bearbeitungsgebühren

Es widerspricht guter kaufmännischer Sitte, die Zahlung von Einschreib- oder Bearbeitungsgebühren ohne Anrechnung zu fordern oder entgegenzunehmen, soweit dies nicht gesetzlich zulässig ist.

Berufsverbände

Bundesverband Freier Wohnungsunternehmen
Kurfürstendamm 57
10707 Berlin
Telefon 030/327810

Immobilienverband Deutschland IVD
Verband der Immobilienberater, Makler, Verwalter und Sachverständigen e.V.
Littenstraße 10
10179 Berlin
Telefon 030/2757260
www.ivd.net

Rudolf Koch
Telefon 0209/9414522
Telefax 0209/9414533
e-Mail koch@ivd.net

DIHK

DIHK | Deutscher Industrie- und Handelskammertag e.V.
Breite Straße 29
D-10178 Berlin
Telefon 030/20308-0
Fax 030 / 20308-1000
www.dihk.de

Wettbewerbsvereine

AGW e.V.
Arbeitsgemeinschaft Wettbewerb für den selbständigen gewerblichen Mittelstand
Friedrich-Ebert-Straße 15
40210 Düsseldorf
Telefon 0211/162868
Telefax 0211/162875
www agw-ev.net

PRO HONORE e.V.
Beim Strohhause 34
20097 Hamburg
Telefon 040/2509234
Telefax 040/2513862
www prohonore.de

Zentrale zur Bekämpfung unlauteren Wettbewerbs
Landgrafenstraße 24b
61348 Bad Homburg
Telefon 0 61 72 / 1 21 50
Telefax 0 61 72 / 8 44 22
www.wettbewerbszentrale.de

Wettbewerbszentrale Büro Hamburg:
Alter Fischmarkt 11
20457 Hamburg
Telefon 0 40 / 3 02 00 10
Telefax 0 40 / 30 20 01 20

Wettbewerbszentrale Büro Berlin
Danckelmannstraße 9
14059 Berlin
Telefon 0 30 / 3 26 56 56
Telefax 0 30 / 3 26 56 55

Wettbewerbszentrale Büro Dortmund
Märkische Straße 60
44141 Dortmund
Telefon 02 31 / 52 16 01
Telefax 02 31 / 55 17 64

Wettbewerbszentrale Büro Stuttgart
Königstrasse 82
70173 Stuttgart
Telefon 07 11 / 23 30 18
Telefax 07 11 / 23 35 06

Wettbewerbszentrale Büro München
Karlstraße 36
80333 München
Telefon 0 89 / 59 22 19
Telefax 0 89 / 5 50 41 22

8 Mustertexte und Checklisten

Die nachfolgenden Textmuster sind im Einzelfall anzupassen, dies gilt besonders für es eventuell auf jeden Buchstaben an. Wenn Anpassungen vorgenommen werden, sollten diese immer mit einem Fachmann abgesprochen werden. Auch ist eine vielleicht zwischenzeitlich erfolgte Änderung der Rechtsprechung zu beachten, ansonsten sind besonders die Unterlassungserklärungen nach zurzeit bestehender BGH-Rechtsprechung abgefasst.

Unterlassungserklärung mit unbestimmter Vertragsstrafe und Begleitbrief mit Vorbehalten zur Klagebefugnis

Ihre Abmahnung vom ..., Az. ...

Sehr geehrte Damen und Herren,

anliegend erhalten Sie die Unterlassungserklärung zum o.g. Verfahren. Wir setzen dabei voraus, dass die Anspruchsberechtigung gegeben ist, d.h., wir erwarten von Ihnen die Übersendung von entsprechenden Nachweisen.
Zur Prüfung der Anspruchsberechtigung bitten wir um Überlassung einer aktuellen Mitgliederliste die den Anforderungen des BGH-Urteils vom 18.10.1995 (Anonyme Mitgliederlisten I ZR 126/93) entspricht, einer Satzung, der Teilkostenrechnung für die Abmahnpauschale und des letzten testierten Abschlusses. Sollten diese Unterlagen bis zum ... nicht vorliegen, gehen wir von einer fehlenden Anspruchsberechtigung aus.
An den Kosten der Abmahnung werden wir uns erst nach Eingang und Prüfung der oben angeforderten Unterlagen beteiligen, falls der Nachweis ausreichend ist. Sollten Sie keinen Kostennachweis erbringen, gehen wir davon aus, dass ihre Forderung in dieser Höhe unberechtigt war. Für diesen Fall behalten wir uns entsprechende Schritte vor.

Mit freundlichen Grüßen

Ist die Abmahnung von einem Mitbewerber muss der folgende Absatz gegen den 2. entsprechenden Absatz des obigen Schreibens ausgetauscht werden.

Zur Prüfung Ihrer Mitbewerbereigenschaft übersenden Sie uns bitte folgende Unterlagen:
1. Eine Kopie der Gewerbeerlaubnis
2. Eine Kopie der Gewerbeanmeldung
3. Aktueller Tätigkeitsnachweis
   a) Anzeigen, mit Hinweis auf Druckdatum und Zeitung und/oder entsprechende Anzeigenrechnungen (Kopie)
   b) Umsatzzahlen und/oder Umsatzsteueranmeldung bestätigt durch Steuerberater

Ein seriöser Mitbewerber kann diese Anforderungen erfüllen, dies ist so von mehreren

Gerichten entschieden worden, zum Beispiel:

- BGH, 12.07.95, AZ I ZR 85/93
- Thüringer OLG, 27.09.06, AZ 2 U 1076/05
- OLG Jena, 18.08.2004, AZ 2 W 355/04
- KG Berlin, 12.04.85, AZ 6 C 33/85
- OLG München, 01.10.84, AZ 6 W 2530/84

Wichtig
Die nachfolgende Unterlassungserklärung unbedingt auf ein separates Blatt (einfaches Schreibmaschinenpapier) schreiben und nur in Verbindung mit dem Begleitbrief verwenden, da dort ein zusätzlicher Vorbehalt gemacht wird.

Unterlassungserklärung zum Aktenzeichen-Nr.:
Firma X verpflichtet sich – ohne Anerkennung einer Rechtspflicht, aber rechtsverbindlich – gegenüber ... (hier Abmahner eintragen)

1. es ab sofort zu unterlassen, im geschäftlichen Verkehr und zu Zwecken des Wettbewerbs... (Wettbewerbsverstoß beschreiben, kann aus der vorgelegten Unterlassungserklärung oder der Abmahnung übernommen werden)

2. für den Fall einer zukünftig eintretenden Verletzung des Unterlassungsversprechens eine vom Unterlassungsgläubiger nach billigem Ermessen festzusetzende, im Streitfall von der zuständigen Gerichtsbarkeit zu überprüfende, Vertragsstrafe an den/die ... (Abmahner eintragen) zu zahlen.

3. Die Unterlassungserklärung wird unter der auflösenden Bedingung einer allgemein verbindlichen, d.h. auf Gesetz oder höchstrichterlichen Rechtsprechung beruhenden Klärung des zu unterlassenden Verhaltens und einer Kostentragungspflicht für die Abmahnung abgegeben.

____________________________	____
(Ort, Datum)	(Unterschrift)

Besonderer Hinweis
Generell sollte eine Unterlassungserklärung vorab per Fax und zusätzlich per Post versandt werden. Der Brief und die Unterlassungserklärung können bei jedem Verein oder Mitbewerber verwendet werden.
In die Unterlassungserklärung gehört generell keine Erklärung zur Übernahme von Abmahnkosten, ob als Vereinspauschale oder Rechtsanwaltsgebühr. Darüber sollte man immer streiten, besonders wenn es sich um Serienabmahner handelt.

Unterlassungserklärung bei Urheberrechtsverstößen

Bei Urheberrechtsverstößen sollte in der Regel immer nur eine Unterlassungserklärung abgegeben werden. Über die Höhe der nachgeforderten Lizenzgebühren sollte verhandelt werden und dann der nachfolgende Text für die Unterlassungserklärung benutzt werden.

Unterlassungserklärung zum Aktenzeichen-Nr.:

Zur Vermeidung gerichtlicher Auseinandersetzungen verpflichte ich mich, ohne Anerkennung einer Rechtspflicht, aber rechtsverbindlich, den/das anliegenden Kartenausschnitt/Bild/Text (Kopie Karte/Foto/Text anfügen):

I
künftig nicht ohne ausdrückliche Einwilligung des Berechtigten (hier Verlag/Fotograf einfügen) weder in digitalisierter noch in gedruckter Form zum Zwecke der Eigennutzung oder Nutzung durch Dritte weder entgeltlich und/oder unentgeltlich zu veröffentlichen und/oder veröffentlichen zu lassen.

II
Für den Fall einer zukünftig eintretenden Verletzung des Unterlassungsversprechens eine von der Unterlassungsgläubigerin nach billigem Ermessen festgesetzte, im Streitfall von der zuständigen Gerichtsbarkeit zu überprüfende Vertragsstrafe, an (hier Verlag/ Fotograf einfügen) zu zahlen.

III
Der Unterzeichner verpflichtet sich weiter, dem Verlag einen angemessenen Betrag (wie z.B. LG Berlin 15 S 9/07 vom 22.12.2009), für die Nutzung als Schadensersatz zu zahlen.

Diese Unterlassungserklärung wird unter der auflösenden Bedingung einer allgemein verbindlichen, d.h. auf Gesetz oder höchstrichterlicher Rechtsprechung beruhenden Klärung des zu unterlassenden Verhaltens abgegeben.

____________________________	____
(Ort, Datum)	(Unterschrift)

Standardbrief bei Druckfehler der Zeitung

Ihre Abmahnung vom …

Sehr geehrte Damen und Herren,

wir bestätigen den Eingang Ihres Schreibens vom . . und teilen Ihnen mit, dass hier ein Druckfehler der Zeitung vorliegt. Dies kann nachgewiesen werden, da entsprechender Schriftverkehr mit der Zeitung existiert. Die Rechtsprechung bei Druckfehlern der Zeitung ist eindeutig, siehe BGH-Urteil vom 31.05.90, AZ I ZR 228/88 in WRP 91 S. 79f oder LG Berlin vom 05.04.91, AZ 15 O 1294/90 in WRP 91 S. 605 ff.

Die Bestätigung der Zeitung senden wir Ihnen - falls Sie es wünschen - gerne zu. Ansonsten gehen wir davon aus, dass sich die Angelegenheit damit erledigt hat. Sollten Sie anderer Meinung sein, erwarten wir Ihre Rückäußerung bis zum . . . (10 Tage Frist).

Mit freundlichen Grüßen

Anlage: Manuskript unseres Anzeigenauftrags
Beschwerdebrief an die Zeitung wg. des Druckfehlers

Beschwerdebrief an die Zeitung wegen eines Druckfehlers

Wettbewerbswidrige Werbung durch Druckfehler

Sehr geehrte Damen und Herren,

für den ... hatten wir Ihnen den in Kopie anliegenden Druckauftrag erteilt. Dieser ist von Ihnen in folgender Weise – auftragswidrig – verändert worden:

Hier Vergleich Manuskripttext mit Anzeigentext einsetzen

Wir bitten die Rechnung für die Anzeige zu stornieren. Eine fehlerfreie Wiederholung nützt uns nichts, da der Anzeigentext nicht mehr verwandt wird.

Wir bitten in Zukunft dafür Sorge zu tragen, dass die Druckaufträge ohne Veränderung der Manuskripttexte ausgeführt werden. Sollte trotz unseres Schreibens der Fehler wiederholt werden, müssten wir – falls wettbewerbsrechtliche Ansprüche gegen uns gestellt werden – juristische Schritte gegen den Verlag vorbehalten. Auf Grund der restriktiven Rechtsprechung im Wettbewerbsrecht sind wir zu diesem Hinweis gezwungen.

Mit freundlichen Grüßen

Anlagen Kopie des Manuskripts
Kopie der erschienenen Anzeige
Kopie der Abmahnung

Mitteilung an den Abmahner wegen einer zu beantragenden einstweiligen Verfügung

Abmahnung vom …

Sehr geehrte Damen und Herren,

wir haben die Abmahnung vom … erhalten. Ein einmaliges Versehen, durch wen auch immer, hat zu dem Fehler in der Anzeige geführt. Natürlich ist uns bewusst, wie richtig geworben werden muss. Dies haben wir in der Vergangenheit auch immer korrekt getan. Wir teilen Ihnen deshalb mit, dass wir den Fehler in der Werbung einsehen und den Unterlassungsanspruch als solchen anerkennen.

Wir sind allerdings nicht bereit eine Unterlassungserklärung abzugeben, erklären aber ausdrücklich, dass wir eine einstweilige Verfügung mit einem Streitwert von 5.001 Euro und einem identischen Unterlassungsanspruch wie in der Abmahnung, als endgültige Regelung anerkennen werden. Bei der Streitwertfestsetzung ist die Einfachheit der Sache und unsere sofortige Anerkenntnis gemäß § 12 Abs.4 UWG zu berücksichtigen.

Mit freundlichen Grüßen

An den Abmahner bzw. dessen Anwalt faxen, aber möglichst nicht bis zum letzten Termin warten.

Abschlusserklärung nach Erhalt einer einstweiligen Verfügung

Einstweilige Verfügung, Geschäftszeichen …

Sehr geehrte Damen und Herren,

hiermit teilen wir Ihnen mit, dass wir die einstweilige Verfügung des LG … mit dem Aktezeichen … vom … vorbehaltlos – bis auf einen eventuellen Kostenwiderspruch – als endgültige, rechtsverbindliche Regelung anerkennen und auf das Recht, Widerspruch einzulegen, sowie bei Gericht die Anordnung der Klageerhebung oder Aufhebung der einstweiligen Verfügung wegen veränderter Umstände zu beantragen (§§924, 926, 927, 936 ZPO), verzichten.

Mit freundlichen Grüßen

Vorab per Fax und als Normalbrief oder Einwurfeinschreiben an den Rechtsanwalt senden. Wenn man die einstweilige Verfügung nicht anerkennen will, über einen Anwalt beim erlassenden Gericht Widerspruch einlegen (bitte immer nur nach Rücksprache mit einem Fachmann, Kostenrisiko beachten).

Checkliste zur Prüfung einer Abmahnung

1. Eingangsdatum festhalten	O	Datum …
2. Zustellungsart		
einfacher Brief	O	
Einschreiben		
Einschreiben/Rückschein	O	
andere Zustellungsart (Fax)	O	
3. Stimmt die Zustellungsanschrift?		
Ja	O	Mit Prüfung fortfahren
Nein	O	Unter Hinweis auf falschen Adressaten zurückschicken
4. Abmahnung durch Anwalt		
ohne Vollmacht	O	Zurückweisung der Abmahnung wg. fehlender Vollmacht (umstritten)
mit Vollmacht	O	Mit Prüfung fortfahren
5. Welche Frist wird gesetzt?	O	Datum …
6. Abmahnung berechtigt?		Prüfung mit Teil 6, besser bei IHK oder Berufsverband nachfragen
Abmahnung ist berechtigt	O	weiter mit Punkt 7
Abmahnung ist eventuell berechtigt	O	weiter mit Punkt 7
Abmahnung ist unberechtigt	O	zurückweisen
Abmahnung wg. Druckfehler unberechtigt Bestätigung der Zeitung besorgen!	O	entsprechend beantworten
7. Informationen über Abmahner beschaffen		
a) Abmahner ist Mitbewerber	O	Bei der für den Sitz des Abmahners zuständigen IHK (schriftlich per Fax) + Auskunft v. Auskunftei (wenn mögl.)
b) Abmahner ist Verein	O	Bei der für den Sitz des Abmahners zuständigen IHK (schriftlich per Fax) + Auskunft v. Auskunftei (wenn mögl.)
8. Berufsverband und IHK informieren	O	(Kopie zusenden)

9. Wer soll auf die Abmahnung reagieren?

a) Rechtsanwalt	O
b) Berufsverband	O
c) Eigenregie	O

10. Wie soll reagiert werden?

a) Antrag auf Fristverlängerung O
b) Anforderung Nachweise zur Klagebefugnis des Vereins O
c) Anforderung Vollmacht + Nachweise zur Mitbewerbereigenschaft O
d) Zurückweisung wegen Druckfehler O
e) Zurückweisung wegen Rechtsmissbrauch O
f) Zurückweisung weil keine wettbewerbswidrige Werbung O
g) Unterlassungserklärung ohne/mit Gebührenzahlung O
h) Einstweilige Verfügung statt Unterlassungserklärung O

Checkliste/Impressum

Impressum/Wir über uns/Kontakt/Unternehmen

1. Namen und Anschrift, bei juristischen Personen Rechtsform u. Vertretungsberechtigte
   Nachname + ein ausgeschr. Vorname bzw. Firmenname wie im Handelsregister, Anschrift, Rechtsform und ggfs. Namen mit Vornamen der Vertretungsberechtigten
2. Angaben, die eine schnelle Kontaktaufnahme und unmittelbare Kommunikation ermöglichen, einschließlich der Adresse der elektronischen Post
   Telefon- und Faxnummer/E-Mail
3. Angaben zur zuständigen Aufsichtsbehörde, soweit der Teledienst im Rahmen einer Tätigkeit angeboten oder erbracht wird, die der behördlichen Zulassung bedarf
   Damit sind Angaben zur Aufsichtsbehörde (unterschiedliche Namen je nach Bundesland: Ordnungs-/Gewerbe-/Wirtschaftsamt, aber auch noch andere Bezeichnungen) nach § 16 MaBV und § 34 c GewO gemeint. Es muss immer die aktuell zuständige Behörde für den aktuellen Sitz des Unternehmens angegeben werden, als Adresse kann die Postfachanschrift der Behörde angegeben werden.
4. Angaben zum Handelsregister und die Registernummer
   Ortsangabe zum Registergericht und die vollständige Registernummer
5. Umsatzsteuer-Identifikationsnummer (falls vorhanden)
   Unternehmen bekommen für den grenzüberschreitenden Waren- und Dienstleistungsverkehr auf Antrag die Umsatzsteueridentifikationsnummer, das ist nicht die normale Steuernummer des Gewerbebetriebes beim Finanzamt. Es ist auch keine Angabe zum Finanzamt zu machen.

Die gleichen Angaben, bis auf die Nummern 3 und 5, sind im geschäftlichen Verkehr auf Briefbögen, Faxen und in der E-Mail zu benutzen.

Einwilligungserklärung für Werbung per Telefon, Fax und E-Mail

Eine Einwilligungserklärung auf der Homepage könnte so lauten:
Ich bin mit Telefonanrufen für weitere Angebote einverstanden. Diese Einverständniserklärung gilt auch für Angebote per Fax, SMS oder E-Mail. Meine Einverständniserklärung kann ich jederzeit per Telefon oder E-Mail widerrufen (Es muss die Möglichkeit geben, sich durch Setzen eines Häkchens einverstanden zu erklären).

Voraussetzung und Nachweis der Klagebefugnis eines Mitbewerbers

a) Missbrauch der Klagebefugnis eines Mitbewerbers

Zur Frage, unter welchen Voraussetzungen die Geltendmachung eines wettbewerbsrechtlichen Unterlassungsanspruchs gegen eine irreführende Immobilienanzeige durch einen – zugleich als Bauträger und Altbausanierer tätigen – Rechtsanwalt missbräuchlich ist.

- **BGH „Vielfachabmahner vom 05.10.2000, I ZR 237/98 (WRP 2001, 148 ff)**
  OLGMünchen vom 11.08.2009, 6 U 3740/09
- **Missbrauch liegt auch bei insolventem Antragsteller vor**
  OLG Düsseldorf vom 24.05.2005, 20 U 25/05
- **Missbrauch bei Missverhältnis zwischen Umsatz und Abmahnaufwand**
  LG Berlin vom 28.10.2008, 16 O 263/08

Von einem Missbrauch im Sinne besagter Vorschrift (§ 8 IV UWG) ist auszugehen, wenn das beherrschende Motiv des Gläubigers bei der Geltendmachung des Unterlassungsanspruchs sachfremde Ziele sind, so etwa das Interesse Gebühren zu erzielen oder den Gegner durch möglichst hohe Prozesskosten zu belasten oder ihn generell zu schädigen, z. B. durch Wahl eines sachlich nicht nachvollziehbaren Gerichtsstandes.

- **OLG Brandenburg vom 17.09.2009, 6 W 141/09**
- **OLG Brandenburg vom 17.09.2009, 6 W 128/09**
- **OLG Brandenburg vom 29.06.2009, 6 W 100/09**
- **OLG Hamm vom 28.04.2009, 4 U 9/09**
- **OLG Hamm vom 28.04.2009, 4 U 216/08**
- **KG Berlin vom 25.01.2008, 5 W 371/07**

b) Klagebefugnis im Immobilienbereich, abstraktes oder konkretes Wettbewerbsverhältnis, wesentliche Beeinträchtigung:

Wegen der Besonderheiten des Immobilienmarktes besteht zwischen bundesweit tätigen Anbietern von Immobilien nicht ohne weiteres ein konkretes Wettbewerbsverhältnis. Werbung für eine Immobilie, in der nur der m^2-Preis angegeben ist, oder den m^2-Preis blickfangmäßig hervorhebt, verstößt gegen die PAngV. Sie ist jedoch grundsätzlich nicht geeignet, den Wettbewerb auf dem Immobilienmarkt wesentlich zu beeinträchtigen.

- **BGH „Immobilienpreisangaben“ vom 05.10.2000, I ZR 210/98 (NJW 2001, 522 ff)**

c) Klagebefugnis eines Mitbewerbers nach § 8 Abs. 3 UWG n. F. (§ 13 Abs. 1 UWG a. F.) setzt tätigen Gewerbebetrieb voraus:

Nachweis nicht nur durch Gewerbeanmeldung sondern auch durch Umsatzzahlen, Geschäftsvorfälle, Kundenstamm und aktuelle Werbemaßnahmen.

- **Thüringer OLG vom 27.09.2006, 2 U 1076/05 (MD 2007, 70 ff)**
- **OLG Jena vom 18.08.2004, 2 W 355/04 (MMR 2005, 184)**
- **OLG München vom 01.10.1984, 6 W 2530/84 (RDM E 667/13)**

Die Klagebefugnis setzt den tätigen Gewerbetreibenden voraus. Eine Gewerbeanmeldung alleine reicht nicht. Der BGH verlangt eine dauernde wirtschaftliche Tätigkeit als Mitbewerber, die dann aktuell überprüfbar sein muss.

- **BGH vom 12.07.1995, I ZR 85/93 (WRP 95, 815 ff)**
- **Thüringer OLG vom 27.09.2006, 2 U 1076/05 (MD 2007, 70 ff)**
- **OLG Zweibrücken vom 02.06.2005,4 U 256/04**
- **OLG Jena vom 18.08.2004, 2 W 355/04 (MMR 2005, 184)**

Voraussetzung und Nachweis für die Klagebefugnis eines Verbandes

a) Was ist eine „erheblichen Zahl von Mitgliedern“ gem. § 13 Abs. 2 Nr. 2 UWG:

Eine Zahl von 20 (22) Mitgliedern aus dem Immobilienbereich reicht nicht für die bundesweite Klagebefugnis aus.

- **BGH vom 30.04.1997, I ZR 30/95 (WRP 97, 1179 ff)**
- **BGH vom 19.06.1997, I ZR 72/95 (WRP 97, 1070 ff)**
- **KG Berlin vom 02.08.1999, 25 U 6168/97**

27 Mitglieder aus der Immobilienbranche reichen nicht für die bundesweite Klagebefugnis eines Wettbewerbsvereins im Immobilienbereich aus.

- **LG Berlin vom 08.07.1999, 16 O 59/98**

Bestreitet der in Anspruch genommene Wettbewerber, dass dem klagenden Verband zur Förderung gewerblicher Interessen eine erhebliche Zahl von Gewerbetreibenden angehört, die Waren oder gewerbliche Leistungen gleicher oder verwandter Art auf demselben Markt vertreiben, so lässt sich ohne die Bekanntgabe der Namen der Mitglieder des Verbandes dessen Prozessführungsbefugnis gemäß § 13 Abs. 2 Nr. 2 UWG in aller Regel nicht feststellen.

- **BGH vom 18.10.1995, I ZR 126/93 (WRP 96, 197 ff)**
- **BGH vom 18.10.1995, I ZR 4/94 (WRP 96, 194 ff)**

b) Zur personellen und sachlichen Ausstattung eines Wettbewerbsvereins:

Die Eignung, unlauteren Wettbewerb zu bekämpfen, fehlt einem Verband, wenn das dortige Personal nicht die dafür nötigen rechtlichen Kenntnisse hat (1. jur. Staatsexamen). Eine hinreichende finanzielle Ausstattung ist dann nicht vorhanden, wenn sich die laufenden Kosten nicht aus eigenen Mitteln, insbesondere Mitgliedsbeiträgen und Spenden, sondern überwiegend nur mit Einnahmen aus Abmahnungen decken lassen.

- **KG Berlin vom 02.08.1999, 25 U 6168/97**

c) Weitere wichtige BGH-Urteile zur Klagebefugnis von Verbänden:

- **BGH „Vergoldete Visitenkarte“ vom 11.05.1995, I ZR 107/93 (WRP 95, 695)**
- **BGH „Verbandsausstattung I“ vom 11.04.1991, I ZR 82/89 (GRUR 91, 684)**
- **BGH „Verbandsausstattung II“ vom 26.05.1994, I ZR 85/92 (WRP 94, 737)**
- **BGH „Wettbewerbsverein I“ vom 07.11.1985, I ZR 105/83 (WRP 86, 201)**
- **BGH „Wettbewerbsverein II“ vom 13.03.1986, I ZR 27/84 (WRP 86, 469)**
- **BGH „Wettbewerbsverein III“ vom 19.05.1988, I ZR 52/86 (WRP 88, 662)**
- **BGH „Wettbewerbsverein IV“ vom 05.10.1989, I ZR 56/89 (WRP 90, 255)**

Zugang der Abmahnung/sofortige Anerkennung im Gerichtsverfahren

Grundsätzlich entgeht in Wettbewerbssachen der als Kläger oder Antragssteller auftretende Verletzte im Falle eines sofortigen Anerkenntnisses durch den Verletzer einer Kostenentscheidung nach §93 ZPO nur dann, wenn er nachweist oder – im Verfahren einer einstweiligen Verfügung – glaubhaft macht, dass dem Verletzer ein … Abmahnschreiben auch zugegangen ist (Änderung der bisherigen Rechtsprechung des Senats).
▸ **OLG Düsseldorf vom 21.06.2000, 2 W 23/30 (OLGR Düsseldorf 2000, 476)**

Vollmacht und Abmahnung

a) Nachweis der Bevollmächtigung bei wettbewerbsrechtlicher Abmahnung durch einen Anwalt im Auftrag eines Mitbewerbers oder Vereins:
Eine ordnungsgemäße Abmahnung, …, liegt nicht vor, wenn sie wegen Fehlens einer Vollmachtmachtsurkunde zurück gewiesen wird. Die bloße Versicherung der Bevollmächtigung reicht nicht aus (Ergänzung zu Senat NJWE-WettbR 99, 263)
▸ **OLG Düsseldorf vom 21.11.2006, 20 U 22/06**
▸ **OLG Düsseldorf vom 13.07.2000, 20 W 37/00 (WRP 2001, 52f)**
▸ **OLG Stuttgart vom 11.06.1999, 2 W 24/99 (NJWE-WettbR 2000, 125)**
▸ **OLG Düsseldorf vom 19.04.1999, 20 W 55/98 (NJWE-WettbR 1999, 263)**
▸ **OLG Dresden vom 26.08.1998, 14 W 1697/97 (NJWE-WettbR 1999, 140)**
▸ **LG München vom 22.01.1997, 1 HKO 12452/96 (NJWE-WettbR 97, 255)**

Vollmachtsurkunde muss dem Abmahnschreiben beiliegen, ansonsten Zurückweisung der Abmahnung.
▸ **OLG Nürnberg vom 04.01.1991, 3 W 3523/90 (MD 91, 211 f)**

Andere Meinung:
Wird die Verwarnung namens des Verletzten oder Berechtigten durch einen Rechtsanwalt ausgesprochen, so kann der Verletzer nicht bei Vermeidung von §93 ZPO die Vorlage einer Vollmacht verlangen.
▸ **KG Berlin vom 30.04.1992, 25 W 829/92 (MD 92, 574f)**

b) Vollmacht Original oder Kopie
Eine Vollmacht muss im Original vorgelegt werden, Fotokopien oder Telefaxe rächen nicht (wichtig ist diese Entscheidung bei Abmahnungen durch Anwälte im Auftrag von angeblichen Mitbewerbern).
▸ **BGH vom 23.06.1994, I ZR 106/92 (BB 94, 1525)**

Aufklärungspflichten des Abgemahnten

Der Empfänger einer unbegründeten Abmahnung ist nicht verpflichtet, den Abmahnenden darüber aufzuklären, dass er für die beanstandete wettbewerbswidrige Handlung nicht verantwortlich ist.

- **BGH vom 01.12.1994, I ZR 139/92 (WRP 95, 300)**

Kostenersatz im Abmahnverfahren

a) Kostenersatz für Abmahnungen eines Mitbewerbers durch einen Anwalt

Generell gilt ein Erstattungsanspruch für die notwendigen Kosten der Rechtsverfolgung. Was notwendig ist, muss im Einzelfall geklärt werden. Für erfahrene Gewerbetreibende ist die Einschaltung eines Anwalts aber nicht unbedingt erforderlich.

- **BGH vom 12.12.2006, VI ZR 188/05 (Kosten für Abschlussschreiben)**
- **BGH vom 12.12 2006, VI ZR 175/05 (Kosten für Abmahnung bei selbst erteiltem Mandat)**
- **BGH vom 06.05.2004, I ZR 2/03**
- **BGH vom 15.10.1969, I ZR 3/68 (NJW 70, 243)**

Kostenersatz für Abmahnungen eines Mitbewerbers durch einen Anwalt der als Serienabmahner bekannt ist

Ersatz der Rechtsanwaltskosten abgelehnt, der Mitbewerber ist nach mehreren Abmahnungen durch seinen Anwalt in der Lage selber Abmahnungen zu verschicken, anwaltlicher Hilfe bei einfachen Fällen bedarf er nicht mehr, entweder ist Gebührenbeschaffung für Anwalt im, Vordergrund (dann Abmahnung rechtsmissbräuchlich) oder es liegt ein Verstoß gegen die Schadensminderungspflicht vor.

- **BGH vom 06.05.2004, I ZR 2/03**
- **OLG Düsseldorf vom 20.02.2001, 20 U 194/00 (CR 2001,548)**
- **LG Hildesheim vom 01.11.2006, 6 O 203/06**
- **LG Berlin vom 11.01.2000, 15 S 5/99**

über 40 weitere Entscheidungen liegen vor, s. separate Liste

Bei klar zu erkennenden und entsprechend leicht zu verfolgenden Wettbewerbsverstößen kann ein Rechtsanwalt bei wettbewerbsrechtlichen Abmahnungen in eigener Sache keine Erstattung von Abmahnkosten verlangen.

- **BGH vom 12.12.2006, VI ZR 188/05 (Kosten für Abschlussschreiben)**
- **BGH vom 12.12 2006, VI ZR 175/05 (Kosten f. Abmahnung bei selbst ert. Mandat)**
- **BGH vom 06.05.2004, I ZR 2/03**
- **LG Aachen vom 24.02.1987, 41 S 10/86 (NJW-RR 87, 1326)**
- **AG Hamburg-Altona vom 31.10.2001, 319 C 446/01 (MDR 02, 167f)**
- **AG Hanau vom 24.05.1996, 32 C 750/96**

b) Kostenersatz bei Abmahnung durch einen Wettbewerbsverein

Generell Kostenersatz zugesprochen – heute gesetzliche Regelung – aber auch gegenteilige Meinungen!

- **BGH vom 15.10.1969, I ZR 3/68 (WRP 70, 20)**
- **OLG Brandenburg vom 04.04.2007, 7 U 175/06**

Kostenersatz abgelehnt, da Verein in satzungsgemäßem Interesse handelt und damit nicht mehr eine Fremdgeschäftsführung vorliegt.

- **AG Bad Wildungen vom 26.03.1996, C 393/95**
- **LG Bremen vom 07.11.1991, 12 O 365/91**
- **AG Bensheim vom 17.07.1991, 6 C 284/91**
- **AG Neustadt vom 16.03.1989, 2 C 1828/88 + weitere Entscheidungen**

Kostenersatz bei unberechtigter Abmahnung

Der zu Unrecht Abgemahnte kann wegen der durch Einschaltung eines Anwalts entstandenen Kosten Schadensersatz vom Abmahnenden verlangen, wenn diesen bei der Geschäftsführung ohne Auftrag (= Abmahnung) ein Übernahmeverschulden trifft.

- **LG Frankfurt vom 04.12.2009, 3-12 O 123/09**
- **LG Dresden vom 07.04.2009, 3 S 436/08**
- **LG Düsseldorf vom 21.04.1989, 20 S 227/88 (GRUR 89, 543)**
- **AG Bonn vom 29.04.2008, 2 C 525/07**
- **AG Münster vom 08.05.2003, 60 C 963/03**
- **AG Altötting vom 06.05.2003, 1 C 703/02**
- **AG Tübingen vom 31.08.2001, 11 C 817/01**
- **AG Dresden vom 10.11.2000, 106 C 6914/00**
- **AG München vom .1992, 161 C 6689/92**

Kostenersatz für eine Schutzschrift

Kostenersatz des unberechtigt Abgemahnten für eine Schutzschrift

Die ungerechtfertigte Abmahnung wegen eines vermeintlichen Wettbewerbsverstoßes löst die Erstattung der bei dem Abgemahnten durch Einreichung einer Schutzschrift entstandenen Kosten aus. Zu erstatten ist eine halbe Gebühr nach § 32 Abs. 1 BRAGO.

- **BGH vom 13.02.2003, I ZB 23/02 (MD 03, 393 ff)**
- **KG Berlin vom 26.02.1999, 25 W 3617/98 (WRP 99, 547)**
- **AG Charlottenburg vom 01.10.1998, 4 C 95/98 (AnwBl 99, 60)**

Kostenersatz für Abschlussschreiben

Generell Kostenersatz für Einschaltung eines Anwalts zugesprochen, aber in bestimmten Fällen abgelehnt, hier gilt das gleiche wie bei Abmahnungen, der „Fachmann" muss selber schreiben.

- **Bei Anwalt im Eigenauftrag: BGH vom 12.12.2006, VI ZR 188/05**
- **Bei Verein mit Klagebefugnis gem. UklaG: OLG Brandenburg vom 04.04.2007, 7 U 175/06**

Kostenersatz und Umsatzsteuer

Kostenersatz gilt nicht für die Umsatzsteuer bei Vorsteuerabzugberechtigten.

- **OLG Koblenz vom 19.09.1994, 14 W 540/94**

Unterlassungserklärung

a) Allgemeines zur Unterlassungserklärung

Unterlassungserklärung mit auflösender Bedingung, zulässig, wenn auf Änderung der gesetzlichen Grundlage oder Klärung durch höchstrichterliche Rechtsprechung abgestellt wird (Bedingte Unterwerfung).

- **BGH vom 01.04.1993, I ZR 136/91 (WRP 93, 480)**

Modifizierte Unterlassungserklärung, Wirksamkeit nur mit ausdrücklicher Annahme: Das Zustandekommen und die Auslegung einer wettbewerbsrechtlichen Vertragsstrafevereinbarung richten sich nach den allgemeinen Vorschriften. Das Versprechen einer Vertragsstrafe Bezieht sich grundsätzlich nicht auf Handlungen, die der Schuldner vor dem Zustandekommen einer Vereinbarung Begangen hat.

- **BGH vom 18.05.2006, I ZR 32/03**

b) Unterlassungserklärung bei zweifelhafter Klagebefugnis:

Bei zweifelhafter Klagebefugnis reicht die Abgabe einer vorerst ohne Strafbewehrung versehenen Unterlassungserklärung, wenn gleichzeitig zugesagt wird, die Strafbewehrung nachzuholen bei Ausräumung der Zweifel. Es reicht eventuell auch, zu erklären, dass unmittelbar nach Aufklärung zur Klagebefugnis die strafbewehrte Unterlassungserklärung abgegeben wird.

- **KG Berlin vom 09.10.1997, 25 W 6340/97**

Unterlassungserklärungen gegenüber nicht mehr klagebefugten Abmahnern verlieren nicht automatisch ihre Bindung. Sie können allerdings gekündigt werden. In Ausnahmefällen kann die Anforderung einer Vertragsstrafe rechtsmissbräuchlich sein, wenn dies durch einen nicht mehr klagebefugten Unterlassungsgläubiger erfolgt (Altunterwerfung I und II).

- **BGH vom 26.09.1996, I ZR 265/95 (WRP 97, 312)**
- **BGH vom 26.09.1996, I ZR 194/95 (WRP 97, 318)**

c) Anfechtung einer Unterlassungserklärung wegen Missbrauch der Klagebefugnis (§ 13 V UWG alt)

Geht der Schuldner eines Unterlassungsvertrages irrig von einer Klagebefugnis des Gläubigers aus und hat der Gläubiger diesen Irrtum durch eine Täuschung hervorgerufen, kann der Schuldner den Unterlassungsvertrag nach § 123 I BGB anfechten.

- **AG Chemnitz vom 10.01.2002, 14 C 1467/01**

Unbeziffertes Vertragsstrafeversprechen (Neuer Hamburger Brauch)

Problem: Die verlangten Vertragsstrafen in einer Unterlassungserklärung sind oft zu hoch. Herabsetzung ist nicht so ohne weiteres möglich. Hier können diese Urteile helfen:

- Eine Unterwerfungserklärung mit einem Vertragsstrafeversprechen nach dem sog. „Neuen Hamburger Brauch", bei dem die Bestimmung der Vertragsstrafe im Zuwiderhandlungsfall nach § 315 BGB dem billigen Ermessen des Vertragsstrafegläubigers überlassen bleibt und bei dem weder eine Höchst- noch eine Mindestsumme für die Vertragsstrafe festgelegt wird, ist geeignet die Wiederholungsgefahr auszuräumen.
- **BGH vom 31.05.1990, I ZR 285/88 (WRP 91, 27 ff)**
- **KG Berlin vom 24.05.1991, 5 U 1443/91 (MD 91, 511 ff)**

Vertragsstrafe aus Altunterlassungsverträgen

a) Vertragstrafenfälligkeit auch bei Wegfall der Verfolgbarkeit eines Werbeverstoßes oder Wegfall der Klagebefugnis:

Eine Kündigung wirkt erst zukünftig, verwirkte Vertragsstrafen müssen gezahlt werden.

- **BGH vom 26.09.1996, I ZR 265/95 (WRP 97, 312)**
- **BGH vom 26.09.1996, I ZR 194/95 (WRP 97, 318)**

... aber:

Anforderung verwehrt bei Wegfall der Klagebefugnis

Die Berufung des Klägers auf den vertraglichen Vertragsstrafeanspruch ist ihm als unzulässige Rechtsausübung verwehrt, wenn die Klagebefugnis dem Kläger unzweifelhaft, d.h. ohne weiteres erkennbar, nicht mehr zusteht.

- **BGH vom 26.09.1996, I ZR 265/95 (WRP 97, 312)**
- **OLG Schleswig vom 3.11.1998, 6 U 19/98**
- **LG Hamburg vom 02.12.1998, 315 S 12/98**
- **LG Stuttgart vom 30.03.1999, 17 O 42/99**

b) Vertragsstrafeanspruch bei Rechtsmissbrauch

Die Geltendmachung eines Vertragsstrafeanspruches ist rechtsmissbräuchlich, wenn dem Gläubiger die für die Geltendmachung wettbewerbsrechtlicher Unterlassungsansprüche erforderliche Sachbefugnis fehlte oder er sie nicht ausreichend dargelegt und bewiesen hat.

- **Thüringer OLG vom 27.09.2006, 2 U 1076/05 (MD 2007, 70 ff)**

Haftung für Druckfehler in einer Zeitungsanzeige

a) **Wettbewerbswidrige Werbung durch einen Druckfehler der Zeitung**
Keine wettbewerbsrechtliche Haftung des Inserenten für diese Werbung, eine Abmahnung kann zurückgewiesen werden mit dem Nachweis des richtigen Auftrags an die Zeitung, wichtig ist eine entsprechende Bestätigung der Zeitung.
▸ **BGH vom 31.05.1990, I ZR 228/88 (NJW 90, 3204)**

Gleicher Meinung auch:
Die gesetzliche Haftung für Beauftragte gem. § 13 Abs. 4 UWG greift nicht ein, wenn der beauftragte Dritte (Zeitung) eine Verrichtung vornehmen soll, die nicht mehr in den betrieblichen Tätigkeitsbereich des Kaufmanns fällt.
▸ **LG Berlin vom 05.04.1991, 15 O 1294/90 (WRP 91, 605 ff)**

b) **Vertraglicher Anspruch aus Unterlassungserklärung bei Druckfehler**
Etwas anderes gilt allerdings bei einem vertraglichen Anspruch aus einer Unterlassungserklärung heraus, hier haftet der Auftraggeber auch für den Erfüllungsgehilfen, z. B. die Zeitung oder die Werbeagentur.
▸ **BGH „Verlagsverschulden II“ vom 22.01.1998, I ZR18/96 (WRP 1998, 864)**

Haftung der Zeitung für Vertragsstrafen bei Zeitungsverschulden (Druckfehler)

Für den Schaden, der einem Inserenten dadurch entsteht, dass er eine zur Sicherung einer Unterlassungsverpflichtung versprochene Vertragsstrafe zahlen muss, weil der Zeitungsverlag entgegen einer Anweisung des Inserenten die zu unterlassende Werbung erneut abgedruckt hat, haftet der Zeitungsverlag aus positiver Forderungsverletzung.
▸ **OLG Düsseldorf vom 10.05.1990, 2 U 119//89 (GRUR 93, 851 ff)**

Erforderlich ist allerdings, dass die Zeitung über die Abgabe der Unterlassungserklärung unterrichtet war, bei fehlender Unterrichtung haftet die Zeitung nur für 50% des Schadens (Vertragsstrafe).
▸ **LG Köln vom 19.06.1996, 10 S 76/96 (Mittelstand und Wettbewerb 1/97, 29 ff)**

Hinweispflicht auf spätere Fertigstellung oder Vermietung

a) **Fehlender Hinweis auf noch nicht erfolgte Fertigstellung einer Immobilie**
Auf die fehlende Fertigstellung ist in der Zeitungsanzeige deutlich hinzuweisen, anderenfalls liegt eine Irreführung vor. Der Begriff Neubau für projektierte oder im Bau befindliche Häuser reicht nicht.
▸ **KG Berlin vom 11.08.1988, 25 W 3608/88 (MD 88, 1225 f)**

In Abschwächung der Rechtsprechung hat das Kammergericht jetzt entschieden:
Der fehlende Nichtfertigstellungshinweis stellt keine wesentliche Beeinträchtigung

des Wettbewerbs dar (s.u. BGH 03.12.1992). Dieses Urteil ist durch Nichtannahme der Revision vom BGH bestätigt worden (BGH vom 12.10.1995, I ZR 11/95).

▸ **KG Berlin vom 31.10.1994, 25 U 8278/93 (MD 95, 292 ff)**

b) Werbung mit der Abkürzung „proj." für projektierte Immobilien

Die Abkürzung „NB" oder „proj." ist irreführend.

▸ **KG Berlin vom 17.03.1987, 5 U 6917/86**

Ein nicht hervorgehobener, aber unmissverständlicher Hinweis, auch in einem längeren Inserat, ist ausreichend, um auf die fehlende Fertigstellung hinzuweisen.

▸ **KG Berlin vom 13.05.1991, 25 U 1391/91 (MD 91, 703 ff)**

Die Verwendung der Abkürzung „proj." Ist dann nicht irreführend, wenn aus weiteren Angaben in der Anzeige deutlich wird, dass es sich um eine noch nicht fertig gestellte Immobilie handelt, so der Hinweis auf die Möglichkeit zur Berücksichtigung von Sonderwünschen.

▸ **KG Berlin vom 13.05.1991, 25 U 1391/91 (MD 91, 703 ff)**
▸ **OLG Stuttgart vom 15.02.1991, 2 U 243/90 (Infodienst BfW)**
▸ **LG Berlin vom 20.06.1991, 27.O.80/91**

c) Hinweis auf vermietete Wohnimmobilie durch Abkürzung „verm."

Wird die Vermietung einer beworbenen Wohnimmobilie weiterhin als offenbarungspflichtiger Umstand im Sinne von § 3 UWG angesehen, so ist dem jedenfalls durch die Abkürzung „verm." in einer Kleinanzeige ausreichend Rechnung getragen. Das KG stellt zumindest diese Offenbarungspflicht unter Hinweis auf die BGH-Entscheidung „Sofortige Beziehbarkeit" vom 03.12.1992, AZ: I ZR 132/91, in Frage (s.u.).

▸ **KG Berlin vom 11.02.1993, 25 U 2466/92 (MD 93, 386 ff)**

d) Fehlender Hinweis auf vermietete, bzw. weiter vom Verkäufer bewohnte Wohnimmobilie

Eine Immobilienanzeige, mit der für den Verkauf eines bewohnten Hauses, das kein Neubau ist, geworben wird, ist grundsätzlich auch dann nicht irreführend, wenn nicht auf den Umstand hingewiesen wird, dass das Haus nicht sofort beziehbar ist.

▸ **BGH vom 03.12.1992, I ZR 132/91 (MD 93, 267 f)**

Hinweis auf WEG

1-Familien-Häuser (bautechnisch), die juristisch gesehen Wohnungseigentum sind, müssen in der Werbung auch klar als Wohnungseigentum bezeichnet werden.

▸ **LG Essen vom 06.09.1990, 43 O 178/90 (WRP 91, 132)**

Notarieller Festpreis

„Notarieller Festpreis“ in der Immobilienwerbung ist irreführend. Selbst wenn kein Preis in der Anzeige genannt wird.
▸ **BGH vom 01.02.1990, I ZR 161/87 (WRP 90, 701)**

Wohn-/Nutzfläche in einer Zahl, Abkürzungen Wfl/Nfl., W/Nfl. und WNFl.

a) Wohn-/Nutzfläche in einer Zahl in der Werbung für Wohnimmobilien

Die Zusammenfassung der Flächen in einer Zahl ist nicht irreführend wenn keine sinnentstellende Abkürzung für Wohn-/Nutzfläche gewählt wird und ein „normales“ Verhältnis von mindestens 2/3 Wohnfläche zu 1/3 Nutzfläche nicht unterschritten wird.
▸ **BGH vom 25.04.1991,I ZR 210/90**
▸ **OLG München vom 19.07.2005, 29 U 3198/05**
▸ **OLG Hamburg vom 04.11.1993, U 137/92 (NJW-RR 94, 816)**
▸ **OLG Frankfurt vom 19.03.1992, 6 W 168/90 (MD 92, 484f)**
▸ **OLG München vom 27.11.1991,6 W 2892/90 (MD 92, 371)**
▸ **KG Berlin vom 07.06.1990, 25 U 6455/89**
▸ **KG Berlin vom 11.12.1989, 25 W 6624/89 (MD 90,274)**
▸ **LG Hamburg vom 21.02.1991, 312 O 520/90**
▸ **LG Frankfurt vom 24.11.1989, 3/12 O 140/89 (NJW-RR 90, 1066)**
▸ **LG Franfurt vom 27.10.1989,3/12 O 189/89 (LG Ffm 3/12 O 140 /89)**
▸ **LG Frankfurt vom 26.10.1989, 3/12 O 188/89**
▸ **LG Berlin vom 01.08.1989, 91 O 156/89**
▸ **LG Stuttgart vom 25.04.1989, 4 KfH T 3/89**

Noch weitergehend das LG Berlin, dass von keinem bestimmten Verhältnis der Wohn- und Nutzflächen ausgeht und keinen Wettbewerbsverstoß in der zusammen gefassten Zahl sieht.
▸ **LG Berlin vom 11.05.2000, 16 O 169/00**

Andere Meinung bei Schreibweise Wohn-/Nutzfläche
Wohn-/Nutzfläche irreführend, es müsse Wohn- und Nutzfläche heißen und die Einzelzahlen müssten angegeben werden.
▸ **OLG Hamm vom 6.06.2005, 4 U 56/05**
▸ **OLG Hamm vom 30.01.1992, 4 U 41/91**

b) bei Schreibweise Wfl./Nfl.

Zulässige Abkürzung, keine Irreführung, da durch Schrägstrich und 2x „fl.“ hier nur 2 Flächen, nämlich Wohn- und Nutzfläche gemeint sein können.
▸ **OLG München vom 16.09.1998, 29 W 2546/98**
▸ **LG München von 06.08.1998, 17 HK O 13906/98**

Andere Meinung: Bei Wfl./Nfl wird ein Teil der angesprochenen Verkehrskreise über die Wohnfläche getäuscht. Nfl. könnte zu Nettofläche ergänzt werden.

- **KG Berlin vom 07.06.1999, 25 U 8755/98**
- **KG Berlin vom 17.01.1991, 25 U 1988/90**
- **LG Berlin vom 10.06.1999, 16 O 303/99**

c) Abkürzung WNFl. = Wohn-/Nutzfläche in einer Zahl in der Werbung für Wohnimmobilien

Die Werbung ist irreführend wegen der Verwechslungsgefahr mit Wohnnettofläche und der fehlenden Vergleichsmöglichkeit mit Angeboten, die die reine Wohnfläche bewerben.

- **OLG München vom 05.06.1989, 29 W 1736/89 (RDM E 662/63)**

Wohn-/Nutzfläche in einer Zahl in der Werbung für Wohn-/Geschäftshäuser oder Objekte, die zu Wohn- und Bürozwecken genutzt werden stellt keine Irreführung dar und ist somit zulässig.

- **LG Wiesbaden vom 29.03.1990, 13 O 15/90 (RDM E 662/67)**
- **LG Essen vom 7.11.1989, 46 O 92/89**
- **LG Frankfurt vom 12.04.1989, 3/12 O 69/89 (NJW RR 90,1066f)**

d) Begriff der Wohnfläche und Angaben bei Immobilienverkäufen

Wohnfläche ist nicht eindeutig definiert und deshalb auslegungsbedürftig.
Der allgemeine Sprachgebrauch verbindet mit dem Begriff der Wohnfläche nicht eine bestimmte Art der Berechnung (hier nach §§ 42–44 Zweite Berechnungsverordnung).

- **BGH vom 24.03.2004, VIII ZR 44/03**
- **BGH vom 22.12.2000, VII ZR 310/99**
- **BGH vom 11.07.1997, V ZR 246/96**
- **BGH vom 30.11.1990, V ZR 91/89**

Unter Zugrundelegung der DIN 283 sind auch im Kellergeschoss liegende Räume wie Gästezimmer, Sauna, Dusche, WC oder Bar der Wohnfläche hinzuzurechnen. Es steht ihrer Berücksichtigung nicht im Wege, wenn sie nicht zum dauernden Aufenthalt für Menschen bestimmt sind. Denn nur für Wohn- und Schlafräume sei Voraussetzung, dass sie den Anforderungen der Bauaufsichtsbehörden entsprächen. Zu den Nebenräumen dagegen zählten diejenigen, die anderen Kriterien entsprächen, wie Abstellräume, kl. Küchen, Speisekammern oder Gäste-Toiletten.

- **OLG Frankfurt vom 23.03.1983, 17 U 113/82**
- **LG Düsseldorf vom 09.07.1991, 24 S 302/89**
- **BFH vom 03.02.1998, (BFH/NV 1998, 700)**
- **BFH vom 25.11.1997, (BFH/NV 1998, 832)**
- **BFH vom 09.09.1997, (BStBl II 1997, 818)**

Wohnflächenangaben sind nicht erforderlich

- **LG München I vom 28.01.1993, 4 HKO 14826/92**

Die Angabe der Wohnfläche einer Immobilie ist eine für die Kaufentscheidung entscheidungserhebliche Information einer Immobilienwerbung. Die Herausstellung der um 20–40% größeren Nutzfläche einer Immobilie als Wohnfläche ist erheblich irreführend, auch wenn die Kaufentscheidung nicht allein auf Grund der irreführenden Angaben in einer Zeitungsanzeige Getroffen wird.

▸ **LG Berlin vom 22.08.2006, 102 O 48/06 (WRP2006, 1545 ff)**

Der Gutachterausschuss beim DIHT hat nach Anrufung durch den VDM auf seiner Sitzung am 14.10.1992 entschieden, dass die zusammengefasste Zahl der Wohn- und Nutzflächen nicht wettbewerbswidrig ist, wenn dabei Wohn- und Nutzflächen in einem normalen Verhältnis (Nutzfläche weniger als 33%) stehen. Die Abkürzung Wfl./Nfl. kann benutzt werden, unzulässig sei aber die Verwendung der Abkürzung „WNFl." für die Bezeichnung der so zusammengesetzten Flächen.

Brutto-/Nettomieten

Brutto-/Nettomiete bei Werbung für Mehrfamilien-/Wohn-/Geschäftshäusern

Keine Irreführung, zulässige Werbung, da die angesprochenen Verkehrskreise mit den Begriffen vertraut sind.

▸ **OLG Celle vom 24.09.1986, 15 O 389/86 (RDM E 662/49)**

▸ **LG München I vom 25.07.1990, 1 HKO 11503/90 (Wettbewerbsberater)**

▸ **LG Hamburg vom 30.05.1990, 350 O 39/90 (RDM E 662/66)**

Preisangaben für Immobilien in der Zeitungswerbung

Kaufpreisangaben für Immobilien in der Zeitungswerbung

Kaufpreisangaben sind nicht erforderlich wenn erst weitere Angaben und Verhandlungen erforderlich sind um zu einem Kaufentschluss und -abschluss zu gelangen.

▸ **BGH vom 04.03.1982, I ZR 30/80 (RDM E 662/29)**

m²-Preise in der Immobilienwerbung

m²-Preiswerbung keine wesentliche Beeinträchtigung des Wettbewerbs wenn der Endpreis ermittelbar ist.

▸ **BGH „Immobilienpreisangaben" vom 05.10.2000, I ZR 210/98 (WRP 2001, 146 ff)**

Werbung nur mit m²-Preisen ohne Größenangaben ist eine wesentliche Beeinträchtigung des Wettbewerbs und des halb auch nach der Novellierung ein verfolgbarer Verstoß.

▸ **KG Berlin vom 26.02.1996, 25 W 5415/95 (MD 96, 479)**

▸ **KG Berlin vom 02.02.1995, 25 W 612/95 (MD 95, 553)**

m^2-Preisangaben für Baugrundstücke und Bauland

a) Endpreisnennung erforderlich:

Bei schon klar abgegrenzten, aber noch nicht vermessenen Baugrundstücken ist der Endpreis zu nennen, also z.B. ca. 400 m^2 Kaufpreis 100.000 Euro. Ein Mehr- oder Minderpreis ist mit entsprechenden Regelungen im Kaufvertrag möglich.

- **KG Berlin vom 29.08.1991, 25 U 3024/91 (MD 91, 738 ff)**
- **KG Berlin vom 20.11.1989, 25 U 1042/89 (MD 90, 129 ff)**

b) keine Endpreisnennung erforderlich:

m^2-Preis für Bauland (noch nicht abgegrenzte Flächen aus einem größerem Areal). Zulässig, wenn noch unbestimmte Flächen aus einem größeren Areal vom Käufer bestimmt werden können.

- **KG Berlin vom 06.02.1989, 25 U 5608/88 (MD 89, 524 ff) mit weiteren Nachweisen, das KG ist von dieser Entscheidung weitgehend abgerückt (s. o.)und verlangt die Benennung des KP eines Beispielgrundstückes (Bauland III, MD 91, 421)**

Entgegen dem KG-Urteil vom 20.11.1989 lehnt Stuttgart die Endpreisangabe für eine noch nicht vermessene Fläche von Bauerwartungsland ab. Dies gilt nicht nur gegenüber Gewerbetreibende, sondern auch gegenüber Endverbrauchern, da auch ein ca. Preis nicht der PAngV entsprechen würde und auch der Endverbraucher einen Mehr- oder Minderpreis über den angegebenen m^2-Preis berechnen kann.

- **OLG Stuttgart vom 30.08.1991, 2 U 88/91**

Werden Grundstücke beworben, die durch Teilung erst noch gebildet werden sollen und deren endgültige Größe auch noch nicht annähernd festliegt (hier: 700–900 m^2), so genügt die Angabe des m^2-Preises; einen Endpreis gibt es noch nicht.

- **OLG Bremen vom 12.12.1991, 2 U 69/91 (WRP 92, 111 f)**

Zulässigkeit von „ab-Preisen“ bei Eigentumswohnungen

Werbung für mehrere Eigentumswohnungen mit Angabe eines Preises für die kleinste Wohnung:

Zulässig, da nur allgemeine Werbung vorliegt und ansonsten für das eine „Angebot“ auch der Endpreis genannt ist.

- **KG Berlin vom 26.02.1996, 25 W 5415/95 (MD 96, 479)**
- **KG Berlin vom 02.02.1995, 25 W 612/95 (MD 95, 553)**
- **OLG Hamm vom 05.07.1994, 4 U 27/94 (MD 94, 914)**
- **LG München I vom 21.02.1991, 4 HKS 13259/90**

Endpreisangabe bei Gewerbeobjekten

Die Ausnahmeregelung des § 7 Abs. 1 Nr. 1 Halbsatz 1 PAngV privilegiert die Zeitungswerbung für die Vermietung von Büroraum hinsichtlich der Verpflichtung zur Angabe des Endpreises (§ 1 Abs. 1 Satz 1 PAngV) auch dann, wenn sich die Werbung nicht allein an Gewerbetreibende richtet, sondern auch an solche Personen, die zwar noch nicht Gewerbetreibende sind, aber beabsichtigen, die Mieträume in ihrer selbständigen beruflichen oder gewerblichen Tätigkeit zu verwenden.

▸ **BGH vom 01.07.1993, I ZR 299/91 (WRP 93, 761)**

Endpreisangabe bei der Immobilienwerbung

a) Problem: Ist die Maklerprovision Preisbestandteil und damit in den Preis einzuberechnen mit dem geworben wird oder nicht. Nach § 1 Abs. 1 Satz 1 Preisangaben VO, ist der Preis anzugeben, der einschließlich der Umsatzsteuer und sonstiger Preisbestandteile ... zu zahlen ist.

Bei der Werbung für Immobilien ist das der Preis, der nach der Vorstellung des Werbenden – ohne die auf Drittleistungen entfallenden Entgelte wie Makler- und Notargebühren – im Grundstückskaufvertrag als Kaufpreis beurkundet werden soll.

▸ **BGH vom 07.07.1983, I ZR 113/81 (BB 83, 1687)**

b) Problem: Haus oder ETW und möglicher Erwerb einer Garage

Die Preisangabenverordnung zwingt ein werbendes Unternehmen nicht, Endpreise zu bilden, die es von sich aus nicht fordern will. Ebenso wenig verlangt die PAngV die Angabe von Endpreisen, die nicht dem wirklichen Angebot entsprechen und dem Endverbraucher deshalb auch nicht in Rechnung gestellt werden.

▸ **BGH vom 02.02.1995, I ZR 13/93 (MD 95, 520)**

Anders OLG Köln bei einer Mietwohnung zu der ein Stellplatz dazu gemietet werden konnte aber nicht musste, aber durch die Verbindung in der Werbung mit einem „+“ eine enge Verbindung herstellte und deshalb die Angabe der Miete inklusiv der Stellplatzmiete forderte.

▸ **OLG Köln, NZM 2002, 392**

m²-Preisangaben für Eigentumswohnungen

m²-Preis-Werbung ist keine wesentliche Beeinträchtigung des Wettbewerbs. Werbung nur mit m²-Preisen bei Nennung der Wohnungsgröße ist nicht geeignet, den Wettbewerb auf dem betroffenen Markt wesentlich zu beeinträchtigen.

▸ **BGH „Immobilienpreisangaben“ vom 05.10.2000, I ZR 237/98 (WRP 2001, 148 ff)**
▸ **OLG München vom 5.12.1997, 29 W 3083/97**
▸ **OLG München vom 24.11.1997, 29 W 3055/97 (OLG Report München 98, 257)**

aber:
Werbung nur mit m²-Preisen ohne Größenangaben ist eine wesentliche Beeinträchtigung des Wettbewerbs und deshalb auch nach der Novellierung ein verfolgbarer Verstoß.
▸ **KG Berlin vom 26.02.1996, 25 W 5415/95 (MD 96, 479 ff)**
▸ **KG Berlin vom 02.02.1995, 25 W 612/95 (MD 95, 553 ff)**

Zinsangaben (Achtung: geänderte PAngV § 6a)

a) Begriff „effektiver Jahreszins" bzw. „anfänglicher effektiver Jahreszins"
Die Angabe „Effektivzins" ist mit der in § 4 I S. 1 PAngV (jetzt § 6 I) vorgeschriebenen Angabe „effektiver Jahreszins" nicht vereinbar.
▸ **BGH vom 08.02.1996, I ZR 147/94 (MD 96, 592 ff)**

b) Abkürzung „Anf. effektiver Jahreszins"
Diese Abkürzung ist irreführend und verstößt gegen § 4 I S. 1 PAngV, da „Anf." auch mit anfallend verwechselt werden kann. Anders ist die Abkürzung „anfängl. effekt. Jahreszins" zu sehen, dafür keine Irreführungsgefahr und damit zulässig.
▸ **KG Berlin vom 11.04.1991, 25 U 7181/90 (MD 91, 524 ff)**

c) Pflicht zur Angabe des effektiven Jahreszinses bei Werbung für finanzierten Immobilienkauf
Wird bei der Werbung für eine Kaufimmobilie neben dem Kaufpreis auf eine konkrete Finanzierungsmöglichkeit hingewiesen, die auch die monatlichen Raten (Belastungen) angibt, stellt dies eine Kreditwerbung dar, bei der nach § 6 Abs. 1 Preisangabenverordnung (PAngV) der effektive Jahreszins anzugeben ist. Dabei kommt es nicht darauf an, ob der Immobilien-Händler lediglich die Kreditfinanzierungen Dritter vermittelt.
▸ **OLG Köln vom 09.11.2007, 6 U 90/07**

Kalt-, Warmmiete, Nebenkostenhinweis, + Garage

a) Kaltmiete in der Werbung für Mietwohnungen
Die Bezeichnung Kaltmiete stellt eine Irreführung dar, da nicht offensichtlich ist, ob nur die Heizkosten oder noch weitere Nebenkosten zu zahlen sind.
▸ **OLG Stuttgart vom 08.08.1996, 2 W 32/96 (NJWE-WettbR 96, 267)**
▸ **OLG Düsseldorf ständige Rechtsprechung**
▸ **OLG Köln vom 18.11.1983, 3 Ss 183/83 (RDM D 543/4)**
▸ **OLG Bremen und OLG Schleswig ständige Rechtsprechung**
▸ **LG Düsseldorf vom 12.12.1990, 12 O 306/90**

Andere Meinung:
Das Vermietungs-Vermittlungsangebot für eine Wohnung in einer Anzeige mit der Mietpreisangabe „... Euro Kaltmiete" ist nicht irreführend und genügt der Hinweispflicht des Maklers auf den verlangten Mietzins und Nebenleistungen.
▸ **OLG Saarbrücken vom 07.02.1996, 1 U 556/95-90**

- **OLG Braunschweig vom 25.06.1992, 2 U 41/92**
- **LG Hannover vom 24.03.1994, 25 O 210/93**
- **LG Hannover vom 24.03.1994, 25 O 209/93**
- **LG Itzehoe vom 02.03.1993, 5 O 165/92**
- **AG Wilhelmshaven vom 12.07.1994, 13 C 50/94**
- **AG Köln vom 30.01.1976, 252 OWi 87/75 (RDM D 534/1)**

„Kaltmiete“ ist auch juristischen Laien ein Begriff. „Kalt-“ bzw. „Warmmiete“ sei auch unter juristischen Laien allgemein üblich und werde i. S. v. „+ NK/inkl. NK“ verstanden.

- **LG Saarbrücken 13 BS 226/98**

b) Nettomiete

„Nettomiete“ als ausreichende Bezeichnung im Sinne des § 6 II WoVermG

- **LG Bielefeld vom 24.06.1994, 15 O 84/94**
- **LG Hamburg vom 30.05.1990, 315 O 39/90**

„Nettokaltmiete“ als ausreichende Bezeichnung im Sinne des § 6 II WoVermG

- **LG Berlin vom 05.08.1999, 16 S 7/99**
- **AG Charlottenburg vom 11.06.1998, 12a C 203/98**

c) Warmmiete

„Warmmiete“ als Endpreis im Sinne der PAngV hat keine Eignung zur wesentlichen Beeinträchtigung des Wettbewerbs, da durch die Nennung des (höheren) Endpreises kein Wettbewerbsvorsprung erreicht wird.

- **OLG Düsseldorf vom 30.03.1995, 2 U 211/94**

d) Wohnungsangebot mit Garage

„… Euro Wohnungsmiete + NK + Garage … Euro …“. Es gelten die Bestimmungen des WoVermG, das gegenüber der PAngV eine Sonderregelung beinhaltet. Es verlangt ausdrücklich die Angabe des Mietpreises der Wohnräume, um einen Preisvergleich des Mieters zu ermöglichen.

- **LG Traunstein vom 20.10.1993, 1 HKO 3567/93**

Anders OLG Köln bei einer Mietwohnung zu der ein Stellplatz dazu gemietet werden konnte aber nicht musste, aber durch die Verbindung in der Werbung mit einem „+“ eine enge Verbindung herstellte und deshalb die Angabe der Miete inklusiv der Stellplatzmiete forderte.

- **OLG Köln, NZM 2002, 392**

a) Privatangebot des Maklers

Immobilienmakler, die mit Zeitungsanzeigen in ihrem Eigentum stehende Immobilien provisionsfrei anbieten, handeln grundsätzlich nicht sittenwidrig i. S. des § 1 UWG, wenn sie es unterlassen, auf ihre berufliche Tätigkeit hinzuweisen.

▸ **BGH vom 03.06.1993, I ZR 147/91 (WRP 93, 623 ff)**

gleich:

Ein Immobilienmakler handelt nicht im geschäftlichen Verkehr, wenn er ein Grundstück aus seinem Privatbesitz in Zeitungsanzeigen zum Verkauf anbietet. In einem solchen Falle besteht eine Irreführungsgefahr nicht deshalb, weil er in der Zeitungsanzeige auf die berufliche Tätigkeit des Inserenten als Immobilienmakler nicht hingewiesen wird.

▸ **BGH vom 22.04.1993, I ZR 75/91 (WRP 93, 619 ff)**

b) Angabe der gewerblichen Tätigkeit bei Verkauf von Immobilien

Der gewerbliche Charakter einer Anzeige muss auch dann zum Ausdruck kommen, wenn ein Immobilienunternehmen eigene Objekte zum Kauf anbietet. Entscheidend für den BGH war allein die gewerbliche Tätigkeit auf dem Immobilienmarkt. Anzeigen ohne den Hinweis auf die gewerbliche Tätigkeit würden den unzutreffenden Anschein eines Verkaufes aus Privathand erwecken und seien deshalb unzulässig. Es komme auch nicht darauf an, ob das Angebot hinsichtlich der Konditionen dem eines privaten Anbieters entsprochen habe.

▸ **BGH vom 27.05.1987, I ZR 153/85 (WRP 87, 724)**

c) „Immobilien" im Firmennamen als ausreichender Hinweis auf eine provisionspflichtige Maklertätigkeit

Bereits aus der Verwendung des Firmennamens mit dem Bestandteil „Immobilien" wird für die angesprochenen Verkehrskreise die Maklereigenschaft sowie die Provisionspflichtigkeit des Angebotes erkennbar. Das Wort „Immobilien" wird in diesem Zusammenhang üblicherweise als Synonym für die Maklereigenschaft verstanden.

▸ **OLG Köln vom 27.02.1997, 20 U 22/95**
▸ **OLG Celle vom 05.06.1996, 13 U 287/95 (WRP 96, 910)**
▸ **OLG Köln vom 09.10.1992, 6 U 131/92**
▸ **KG Berlin vom 19.12.1988, 25 U 2645/88**
▸ **KG Berlin vom 19.08.1986, 5 U 2735/86 (NJW-RR 87, 489)**
▸ **OLG Hamm vom 06.12.1973, 1 OWi 1437/73 (NJW 74, 1149 f)**
▸ **LG Münster vom 26.05.1994, 22 O 93/94**

d) Enthält der Firmenname keinen Hinweis auf eine provisionspflichtige Maklertätigkeit muss auf die Provision ausdrücklich hingewiesen werden

Es ist grundsätzlich irreführend, wenn in einer Immobilienanzeige nicht zum Ausdruck kommt, dass bei Vertragsabschluß eine Maklerprovision zu zahlen ist. Die Irreführung wird nicht schon dadurch ausgeschlossen, dass der Inserent in der Anzeige als „Finanz- und Vermögensberater" (Wohnbau X GmbH oder Hausbau GmbH o. Ä.) bezeichnet ist; denn eine solche Bezeichnung deutet nicht ohne weiteres darauf hin, dass … eine

Vergütung zu zahlen ist.
- **BGH vom 13.12.1990, I ZR 31/89 (WRP 91, 236)**
- **OLG Stuttgart vom 30.03.1995, 2 W 20/95**
- **KG Berlin vom 30.01.1995, 25 U 1688/94**

e) Abkürzungen für den Hinweis auf die Maklereigenschaft, hier „Imm." für Immobilien

Die Abkürzung „Imm." reicht nicht aus für den Hinweis auf die Maklereigenschaft. Das gleiche gilt für die Abkürzungen: „Mkl.", „Hsm.", „Immo" oder „gew." und ähnliche Abkürzungen.
- **KG Berlin vom 22.03.1990, 25 U 7726/89**

Gegenteilige Meinungen:

für „Mkl."
- **LG Lüneburg vom 15.05.1997, 7 O 13/97**

  für „Immo-XYZ" (durch Gedankenstrich verbundene Namen)
- **OLG Köln vom 09.10.1992, 6 U 131/92**

GmbH-Zusatz in der Immobilienwerbung

Die Unterlassung der nach § 4 Abs. 2 und § 35 GmbH-Gesetz im Geschäftsverkehr gebotenen GmbH-Kennzeichnung ist nicht ohne weiteres wettbewerbswidrig i. S. d. § 1 UWG; bei beiden Bestimmungen handelt es sich um wertneutrale Ordnungsvorschriften.
- **KG Berlin vom 26.02.1991, 5 U 466/91**
- **LG München vom 07.08.1991, 1 HKO 6126/91**
- **LG München vom 29.02.1984, 1 HKO 1947/84 (RDM R E 660 1)**

Baustellenberatung am Sonntag

Besichtigen Sie am Sonntag ihr neues Zu Hause von 14 – 17 Uhr in der XY Straße in Musterstadt.
- **LG Düsseldorf vom 13.03.2000, 38 O 9/00**
- **LG München vom 23.09.1999, 7 O 14908/99**

Bis auf die Bundesländer Hamburg, Hessen und Sachsen ist die Besichtigung und Beratung am Sonntag für bis zu 4 Stunden erlaubt (Stand Januar 2007). Eine genaue Übersicht ist beim IVD abrufbar.

Beratungstätigkeit (Rechtsberatung)

Zur Abgrenzung erlaubnisfreier Geschäftsbesorgung von erlaubnispflichtiger Rechtsbesorgung ist, weil eine Besorgung fremder Geschäfte außer mit wirtschaftlichen Belangen vielfach auch mit rechtlichen Vorgängen verknüpft ist, auf den Kern und den Schwerpunkt der Tätigkeit abzustellen. Es ist danach zu fragen, ob die Tätigkeit überwiegend auf wirtschaftlichem Gebiet liegt und die Wahrnehmung wirtschaftlicher Belange bezweckt oder ob die rechtliche Seite der Angelegenheit im Vordergrund steht und es wesentlich um die Klärung rechtlicher Verhältnisse geht.

▸ **BGH vom 0.03.2000, I ZR 289/97 (WRP 00, 727)**

Mit Rechtsberatung ist grundsätzlich die umfassende und vollwertige Beratung des Rechtsuchenden gemeint. Soweit eine Berufstätigkeit schon vom Ansatz her nicht als umfassende Beratung ... angeboten wird, bedarf es im Lichte des Art. 12 GG sorgfältiger Prüfung, ob eine angebotene Hilfeleistung als Besorgung fremder Rechtsangelegenheiten oder nur als kaufmännische Hilfeleistung einzuordnen ist (BVerfG NJW 1998, 3481, 3482). Im Hinblick darauf, dass nahezu alle Lebensbereiche rechtlich durchdrungen sind und kaum eine wirtschaftliche Betätigung ohne rechtsgeschäftliches Handeln möglich ist..., ist danach zu fragen, ob eine Tätigkeit überwiegend auf wirtschaftlichem Gebiet liegt ... oder die rechtliche Seite der Angelegenheit im Vordergrund steht.

▸ **BVerfG vom 29.10.1997, 1 BvR 780/87 (NJW 98, 3481 ff)**

▸ **LG Berlin vom 10.04.2001, 102 O 12/01**

▸ **LG Berlin vom 09.03.2001, 102 O 216/00**

Unzulässige AGB-Klauseln

Die Verwendung unzulässiger AGB-Klauseln ist wettbewerbswidrig und damit abmahnfähig.

▸ **OLG Frankfurt/M.ain vom 09.05.2007, 6 W 61/07**

▸ **LG Frankfurt/Main vom 08.02.2008, Az. 3/12 O 157/07**

Internet (Räumlicher Bereich)

Das Gericht hat den maßgeblichen räumlichen Markt regional begrenzt. Es kann aus der Tatsache, dass der Beklagte im Internet wirbt, nicht geschlossen werden, dass er seine Leistung bundesweit anbietet. Allein die Tatsache, dass das Internet bundesweit abgefragt werden kann, bedeutet nicht, dass auch die beworbene Leistung von Verbrauchern aus dem gesamten Bundesgebiet in Anspruch genommen werden kann. Das OLG München verlangt z.B. einen gewissen räumlichen Bezug.

▸ **OLG München vom 07.05.2009, 31 AR 232/09**

▸ **OLG Koblenz vom 14.07.2000, 4 W 411/00**

▸ **OLG Koblenz vom 30.05.2000, 4 U 192/00**

▸ **OLG Düsseldorf (AnwBl. 1999, 618)**

▸ **LG Dresden vom 31.07.2000, 42 O 0403/00**

▸ **LG Bremen vom 25.11.1999, 12 O 440/99**

▸ **AG Kiel vom 08.12.2000, 106 C 295/00**

Internet, Pflichtangaben § 5 TMG, vorher § 6 TDG

Wer seine gewerblichen Internet-Inhalte über fremde Rechner (Host Provider) ins Netz stellt, ist Diensteanbieter im Sinne des Telemediengesetz und unterliegt damit der Impressumspflicht (hier: Autohändler im Rahmen von mobile.de). Immobilienportale sind nicht anders zu sehen.

▸ **OLG Düsseldorf vom 18.12.2007, I-20 U 17/07**

Verstoß gegen Impressumspflicht ist Wettbewerbsverstoß (fehlender Name)

▸ **OLG Naumburg vom 16.03.2006, 10 W 3/06**

Verstoß bei fehlender Telefon-Nr. und E-Mail-Adresse

▸ **LG Coburg vom 09.03.2006, 1HK 0 95/05**

§ 5 TMG dient dem Verbraucherschutz und ist eine Marktverhaltensregel, ein Verstoß ist deshalb keine Bagatelle.

▸ **OLG Hamm vom 04.082009, 4 U 11/09**
▸ **OLG Hamm vom 02.04.2009, 4 U 213/08**
▸ **OLG Frankfurt vom 04.12.2008, 6 U 187/07**
▸ **OLG Düsseldorf vom 04.11.2008, 20 U 125/08**
▸ **OLG Hamm vom 13.03.2008, 4 U 192/07**

Anbieterkennzeichnung im Internet

a) Die Angaben einer Anbieterkennzeichnung eines Internetauftritts, die über zwei Links („Kontakt" und „Impressum") erreichbar ist, kann den Voraussetzungen entsprechen, die an eine leichte Erkennbarkeit und unmittelbare Erreichbarkeit i. S. v. § 6 TDG (alt) und § 10 MDStV zu stellen sind.

▸ **Angaben einer Anbieterkennzeichnung**
BGH vom 20.07.2006, I ZR 228/03 (WRP 06, 1507 ff)

b) Um den Anforderungen des § 312 c I S. 1 BGB an eine klare und verständliche Zurverfügungsstellung der Informationen i. S. v. § 1 I BGB-InfoV im Internet zu genügen, ist es nicht erforderlich, dass die Angaben auf der Startseite bereitgehalten werden oder im Laufe eines Bestellvorgangs zwangsläufig aufgerufen werden müssen.

Ein Link „Impressum" am unteren rechten Ende der Internetseite in sehr kleiner, blasser und drucktechnisch nicht hervorgehobener Schrift ist ein Verstoß gegen § 5 TMG, wenn die in kleiner Schrift gehaltene und vom übrigen Text wenig abgesetzte Aufzählung „AGB/Verbrauchsinformationen/Datenschutz Impressum", die rechtsbündig angeordnet ist und sich in etwa über ein Viertel der Seitenbreite erstreckt, im Ganzen leicht übersehen werden.

▸ **OLG Frankfurt vom 04.12.2007, 6 U 187/07**

Eine leicht erkennbare Wiedergabe i. S. d. § 6 TDG (alt) setzt voraus, dass die Informationen optisch leicht wahrnehmbar sind. Insbesondere dürfen sie nicht derart platziert werden, dass ein vorheriges Scrollen des Bildschirms erforderlich ist. Eine leichte Erkennbarkeit setzt zugleich voraus, dass bei der zur sinnvollen Gliederung der Seiten erforderlichen Verwendung weiterführender, durch entsprechende Oberbegriffe gekennzeichneter Links eine Terminologie gewählt wird, die für den Nutzer auch als Hinweis auf die gesetzlichen Pflichtangaben verstanden werden.
▸ **OLG Hamburg (Backstage) vom 20.11.2002, 5 W 80/02 (MD 02, 154 ff)**

Streitwert bei Wettbewerbsverstößen im Internet

a) Zur Bemessung des Streitwerts, wenn ein offenbar nur versehentlich erfolgter Verstoß gegen § 1 II S. 1 PAngV gerügt wird

Ist eine Sache nach Art und Umfang einfach gelagert, so rechtfertigt das im Regelfall eine Minderung des an sich zu veranschlagenden Streitwerts für einen wettbewerbsrechtlichen Unterlassungsanspruch um die Hälfte (von 20.000 Euro auf 10.000 Euro).
▸ **KG Berlin vom 14.11.2006, 5 W 254/06 (MD 2007, 7 f)**

Streitwert bei fehlerhaftem Impressum u. rechtswidriger Widerrufsbelehrung nur 5.000 Euro
▸ **OLG Frankfurt vom 17.08.2006 6, W 117/06**

Streitwert bei häufigen Verstößen im Internet gegen Informationspflichten

Herabsetzung auf 500 bzw. 900 , statt absolute Untergrenze (Beantragt waren 15.000 Euro vom LG auf 5.000 Euro herabgesetzt und vom OLG reduziert)
▸ OLG Düsseldorf vom 05.07.2007, 20 W 15/07 (MIBGH vom 07.07.1983, I ZR 113/81 (BB 83, 1687)

Andere Ansicht:
Wenn die Maklerprovision durch echten Vertrag zugunsten Dritter im Notarvertrag aufgenommen wird. Dann sollte in der Werbung nur mit der eingerechneten Maklerprovision geworben werden dürfen.
▸ OLG Düsseldorf (WRP 82, 655)

b) Problem: Haus oder ETW und möglicher Erwerb einer Garage

Die Preisangabenverordnung zwingt ein werbendes Unternehmen nicht, Endpreise zu bilden, die es von sich aus nicht fordern will. Ebenso wenig verlangt die PAngV die Angabe von Endpreisen, die nicht dem wirklichen Angebot entsprechen und dem Endverbraucher deshalb auch nicht in Rechnung gestellt werden.
▸ **BGH vom 02.02.1995, I ZR 13/93 (MD 95, 520)**

10 Typische Abmahn-Beispiele aus der Praxis

Beispiel 1

München 20. September 2009

Fehlende Aufsichtsbehörde : Im Namen der Verbraucher

Sehr geehrte Damen und Herren Kollegen ,

zu Ihrer Internetpräsentation **A 1** mit Datumseinblendung , fehlt Ihre **Berufsaufsichtsbehörde** , wie das § 5 TMG seit einigen Jahren vorschreibt. Der Bürger weiß doch nicht , daß es für die Immobilienbranche **überhaupt** eine Behörde gibt, bei der man sich erkundigen , beschweren kann . Gemeint ist die § 34 c GewO Behörde an Ihrem Geschäftssitz . Da muß - so will es das Gesetz – leicht erkennbar – zB . hin : **Aufsichtsbehörde** Gewerbeamt Eberhardstraße 37 70173 Stuttgart .
Wo Sie mal den § 34 c Schein geholt , die „Lizenz" bekommen haben , ist nicht gefragt , das verwirrt nur.

Gemäß § 8 III ,12 I UWG fordere ich Sie – zur Klagevermeidung - auf, **binnen Wochenfrist** die Wiederholungsgefahr durch Abgabe einer mit € 1000,- für den künftigen Fall der Zuwiderhandlung gesicherten Unterlassungserklärung - auszuräumen . Refax mit Unterschrift genügt . Unberührt bleiben etwaige frühere Erklärungen .

Kostenmäßig erbitte ich Überweisung von € 150,-. plus UST = **€ 178.50 ,-.**

Die rechtliche Begründung dieser Kostenpauschale steht in BGH Telefax – Werbung aus 2006 **A 2** . Statt abzumahnen , hätte ich gleich eine einstweilige Verfügung , wie **A 3** gegen Sie - über Anwälte - mit Kostenfolge € 755,-. erwirken können . Gerade bei erforderlichen Serienabmahnungen rät der BGH **A 4** neuerdings zur sofortigen Anwaltsbeauftragung . Anders als bisher , werde ich diese Pauschale auch einklagen , in München , auch dafür gilt der sog : fliegende Gerichtsstand . Dann kann man immer noch ins Hauptsacheverfahren übergehen . Mit diesen Geldern gehe ich nicht aufs Oktoberfest , die Wiesn, nein : Ich sammle Gerichtskosten für Prozesse : Gegen Hartnäckige .

Mit freundlichen Grüssen
Hans [illegible]r Ass. iur

Unterschrift

Konto Postbank München 629 098 807 BLZ 700 100 80

Beispiel 2

München 22.07.07

Hans Hauser Immobilien ./. Ihr Unternehmen ./.Wettbewerb.

Sehr geehrte Damen und Herren,

1) Ihre beiliegende Anbieterkennzeichnung bei Immoscout verstößt gegen § 5 TMG , weil man als Münchener Immobilienhändler zumindest schreiben muß : **Aufsichtsbehörde** : *KVR München Ruppertstrasse 80313 München* . Gerade die vielen Zuzügler, die hier eine Unterkunft suchen, können doch mit KVR München u.ä. alleine nichts anfangen, wenn sie sich beschweren wollen, wie beispielsweise anbei. Das wird Ihnen auch Herr Professor Koch auf der morgigen Top Veranstaltung der IHK München bestätigen . In Koblenz, wo jeder jeden kennt , mag das anders sein. Der Verband und die IHK , die tun schon was , für die jährlichen Beiträge . Ich muß auf Kaffee und Kuchen verzichten , weil meine Frau – seit 1993 Maklerin – unter Androhung von „ Liebesentzug „ verlangt, dass ich endlich die Formulare für meine Wiederzulassung als Anwalt ausfülle und bei der zuständigen Aufsichtsbehörde : *Tal 33 80331 München* vorbeibringe .

2) Zwecks außergerichtlicher Erledigung werden Sie von mir als Konkurrent , siehe u.a. meine drei BGH Urteile vom 5.10.2000 aufgefordert , die Wiederholungsgefahr durch Abgabe einer mit Euro 2500 ,-. für den **künftigen** Fall der Zuwiderhandlung gesicherten Unterlassungserklärung **binnen Wochenfrist** auszuräumen. Umstellfrist zwei Wochen . Die unterzeichnete Rückgabe dieses Schreibens genügt. Unberührt bleiben etwaige frühere Erklärungen .

3) Kostenmäßig erbitte ich – nicht einige hundert Euro - , sondern nur Überweisung € 150,-. plus Ust. = **€ 187.50**,-. , um Prozessführung – gegen hartnäckige, zB. die Engel & Völckers - zu finanzieren . Das ist nach BGH I ZR 146/02 Sinn und Zweck dieses „ Bettelbetrages " – O - Ton Koch . Bei Ansatz nur dieser Pauschale (statt ca. € 700,-. Anwaltskosten) scheidet der Einwand „ Rechtsmissbrauch „ aus, siehe Köhler in GRUR RR 2007 / 136 unter Bezug auf die richtungsweisende Entscheidung BGH Telefaxwerbung II

Mit freundlichen Grüssen
Hans Hauser

Unterschrift

Postbank München Kto Nr: 629098807 BLZ 700 100 80

Mein Zeichen: UQ2016
Bitte immer angeben

Wettbewerbsrechtliche Abmahnung und
Aufforderung zur Abgabe einer Unterlassungserklärung

Regensburg, den 27.01.201

Sehr geehrter Herr

in obiger Angelegenheit zeigen wir die anwaltliche Vertretung und Interessenwahrung von Frau an. Eine uns legitimierende Vollmacht liegt bei.

1. Unsere Mandantin bietet Dienstleistungen im Zusammenhang mit Immobilien an. Insbesondere ist sie sowohl auf dem Gebiet der Vermittlung von Immobilien als auch auf dem Gebiet der Immobilienverwaltung tätig. Wie unsere Nachforschungen ergeben haben, vermitteln Sie ebenfalls Immobilien. Da Sie somit in einem konkreten Wettbewerbsverhältnis zu unserer Mandantin stehen, ist unsere Mandantin Mitbewerberin im Sinne des § 2 Abs. 1 Nr. 3 UWG (Gesetz gegen den unlauteren Wettbewerb).

Da Sie Ihre Dienste auch auf Ihrer Homepage anbieten, liegt ein Telemediendienst im Sinne des § 1 Abs. 1 TMG (Telemediengesetz) vor, weshalb Sie die Bestimmungen des TMG zu beachten haben. Sie sind somit insbesondere dazu verpflichtet, den nach § 5 TMG bestehenden Informationspflichten im Rahmen Ihres Impressums nachzukommen.

Eine Überprüfung Ihrer Homepage ergab, dass Ihr Impressum der Vorschrift des § 5 Abs.1 Nr.4 TMG nicht genügt:

Da Sie die gesellschaftsrechtliche Organisationsform der OHG gewählt haben, sind Sie gemäß § 106 Abs.1 HGB dazu verpflichtet, Ihre Gesellschaft in das Handelsregister eintragen zu lassen. Dem entspricht die in § 5 Abs.1 Nr.4 TMG geregelte Pflicht, die vom jeweiligen Registergericht vergebene Handelsregisternummer im Impressum anzugeben, um potentiellen Kunden eine einwandfreie Identifikation zu ermöglichen. Eben dieser Pflicht zur Angabe der Handelsregisternummer sind Sie aber in Ihrem Impressum nicht nachgekommen.

Zum Nachweis des Ihrerseits begangenen Verstoßes wurde eine Bildschirmkopie (Screenshot) angefertigt, die Ihr Impressum zum Erstellungszeitpunkt dieser Abmahnung dokumentiert. Diese Bildschirmkopie wird von uns im Rahmen eines etwaigen gerichtlichen Verfahrens als Beweismittel vorgelegt werden. Bitte beachten Sie, dass die Vorlage derartiger Beweismittel nach allgemeiner Ansicht kein Wirksamkeitserfordernis für dieses Abmahnschreiben darstellt.

Insbesondere wird darauf hingewiesen, dass es sich bei dem hier gegenständlichen Verstoß nach neuester Rechtsprechung nicht um einen nach § 3 UWG unerheblichen Verstoß handelt (vgl. etwa OLG Hamm, 4 U 213/08 vom 02.04.2009).

Der Verstoß ist geeignet, das wirtschaftliche Verhalten des Durchschnittsverbrauchers wesentlich zu beeinflussen. Dies wird bereits immer dann bejaht, wenn einer Verordnung des europäischen Gesetzgebers, die die Verbraucher schützen soll, in der Weise zuwider gehandelt wird, dass die darin geregelten Informationspflichten verletzt werden. Es liegt daher nach dem UWG bereits immer dann ein nicht unwesentlicher Verstoß vor, wenn Pflichtangaben fehlerhaft sind oder gänzlich unterbleiben

Doch dient die Verwendung eines dem § 5 Abs.1 TMG entsprechenden Impressums gerade nicht ausschließlich dem Verbraucherschutz. Nach eindeutiger Rechtsprechung des BGH (Urteil vom 20.07.2006, Az. I ZR 228/03) dient die Norm des § 5 TMG gerade auch dazu, für gleiche Wettbewerbsbedingungen unter am selben Markt teilnehmenden Unternehmern zu sorgen. Demnach ist bei einer Verletzung der durch § 5 TMG auferlegten Informationspflichten nach höchstrichterlicher Rechtsprechung von einem unlauteren Verhalten gemäß §§ 3,4 Nr. 11 UWG auszugehen.

Unsere Mandantin hat daher aufgrund der eben dargestellten Verstöße einen Unterlassungsanspruch nach §§ 3, 4 Nr.11, 8 Abs.1 S.1, Abs. 3 Nr. 1 UWG.

2. Wir wurden von unserer Mandantin in Gemäßheit mit § 12 Abs.1 S.1 UWG damit beauftragt, Ihnen vor Einleitung eines gerichtlichen Verfahrens im Wege dieser Abmahnung die Gelegenheit zu geben, den Streit durch Abgabe einer mit einer angemessenen Vertragsstrafe bewehrten Unterlassungsverpflichtung Ihrerseits beizulegen.

Namens und in Vollmacht unserer Mandantin fordern wir Sie daher hiermit auf, die in der Anlage beigefügte strafbewehrte **Unterlassungserklärung** bis spätestens

04.02.2010

unterschrieben an unsere Kanzlei zurückzusenden. Hierbei kommt es auf den Tag des Zugangs der Erklärung bei uns an, wobei Sie die Erklärung auch per Telefax zusenden können.

Hinsichtlich der Form der Unterlassungserklärung dürfen wir darauf hinweisen, dass es sich hierbei lediglich um einen Formulierungsvorschlag unsererseits handelt, da es grundsätzlich beim Abgemahnten liegt, eine Unterlassungserklärung zu formulieren. Es steht Ihnen daher frei, eine eigene Unterlassungserklärung zu formulieren.

Bitte beachten Sie, dass eine eventuell von Ihnen selbst angefertigte Unterlassungserklärung die derzeit zweifelsfrei bestehende Widerholungsgefahr nur auszuräumen vermag, wenn sie eine angemessen hohe Vertragsstrafe enthält, § 12 Abs.1 S.1 UWG. Von einer angemessenen Höhe des Vertragsstrafversprechens ist nach stetiger Rechtsprechung erst ab einem Betrag von 5.100.- € auszugehen. Daneben steht es Ihnen frei, eine Unterlassungserklärung nach sogenanntem „Hamburger Brauch“ abzugeben.

Für den Eingang dieses Betrages setzen wir Ihnen eine Zahlungsfrist bis spätestens

04.02.2010

Die Zahlung bitten wir auf folgendes Konto zu veranlassen:

	Raiffeisenbank
Kto: 583537	IBAN:
BLZ:	BIC: GENODEF1R02
Verwendungszweck:	UQ2016

Hinsichtlich des hier zugrundegelegten Streitwertes von 10.000.- € weisen wir darauf hin, dass dieser in Ansehung der ständigen Rechtsprechung in jedem Fall sachgerecht bemessen wurde. Wenngleich die Rechtsprechung hier uneinheitlich verfährt, sind in wettbewerbsrechtlichen Angelegenheiten Streitwerte von 20.000.- € bis 50.000.- € keine Seltenheit (vgl. etwa OLG Hamm, Beschluss vom 28.03.2007, Az. 4 W 19/07: selbst bei durchschnittlich zu bewertenden Wettbewerbs-Verstößen liegt der Streitwert regelmäßig in der Größenordnung von 30.000,- EUR).

Die gesetzten Fristen können regelmäßig aufgrund der Dringlichkeit der Durchsetzung von Unterlassungsansprüchen nur in Ausnahmefällen verlängert werden. Sofern Sie Rückfragen haben sollten, erbitten wir diese nur schriftlich per Telefax oder an unsere Email-Adresse:

info@

Sollten Sie der Aufforderung nach Hereinreichung einer ausreichend strafbewehrten Unterlassungserklärung nicht oder nicht fristgerecht nachkommen, weisen wir bereits jetzt darauf hin, dass unsere Mandatierung in dieser Angelegenheit auch die Erhebung einer Unterlassungsklage sowie die Beantragung einer einstweiligen Verfügung gegen Sie umfasst.

Auch hinsichtlich der Aufforderung zur Zahlung der unserer Mandantin in Form von Rechtsanwaltsgebühren entstandenen Aufwendungen dürfen wir darauf hinweisen, dass wir bei fruchtlosem Verstreichen der Zahlungsfrist ohne weitere Vorankündigung gerichtliche Schritte gegen Sie einleiten werden.

Auch sei der guten Form halber darauf hingewiesen, dass durch die Weiterungen, die die Missachtung der in dieser Abmahnung gestellten Forderungen mit sich brächte, mit weitaus höheren (Gerichts- und Anwalts-) Kosten verbunden wäre.

Mit freundlichen Grüßen

Rechtsanwälte

durch:

Rechtsanwalt

VOLLMACHT

Den Rechtsanwälten

THOMAS

wird hiermit in Sachen

L ./. Dr. OHG

wegen UWG

Vollmacht erteilt.

Die Vollmacht ermächtigt zu allen die Angelegenheit betreffenden Handlungen, insbesondere zur Prozeßführung, zur Stellung von Anträgen auf Scheidung der Ehe und Anträgen in Folgesachen, zur Erhebung der Widerklage, zur Vornahme und Entgegennahme von Zustellungen, zur Bestellung eines Vertreters, zur Beseitigung des Rechtsstreits durch Vergleich, Verzicht und Anerkenntnis, zur Einlegung und Zurücknahme von Rechtsmitteln und zum Verzicht auf solche, ferner zur Empfangnahme von Geldern und Wertsachen, insbesondere des Streitgegenstandes und der vom Gegner, der Justizkasse oder anderen Stellen zu erstattenden Kosten sowie zur Verfügung darüber ohne die Beschränkung des § 181 BGB, zur Begründung und Aufhebung von Vertragsverhältnissen und zur Abgabe von einseitigen Willenserklärungen, insbesondere zum Ausspruch von ordentlichen und außerordentlichen Kündigungen.

Die Vollmacht erstreckt sich auch auf Nebenverfahren, z.B. Arrest und einstweilige Verfügung, Kostenfestsetzung, Zwangsvollstreckung einschließlich der aus ihr erwachsenden besonderen Verfahren (z.B. §§ 726-732, 766-774, 785, 805, 872 ff. ZPO u.a.), Zwangsversteigerung und Zwangsverwaltung, Hinterlegungsverfahren, Vergleichsverfahren und Konkurs.

Die Erteilung dieser Vollmacht ist unabhängig von einer eventuellen Deckungszusage einer Rechtsschutzversicherung.

Regensburg, den 13.01.2010

per Telefax an:

Unser Aktenzeichen: UQ2016

UNTERLASSUNGSERKLÄRUNG

______________ ______________

(Vorname) (Name)

______________ ______

(Straße) (Hausnr.)

______ ______________

(PLZ) (Ort)

– im folgenden „Unterlassungsschuldner“ genannt –

gegenüber

Frau L

1. Der Unterlassungsschuldner verpflichtet sich gegenüber Frau , es bei Meidung einer Vertragsstrafe in Höhe von € 5.100,- (in Worten: fünftausendeinhundert Euro) für jeden Fall der Zuwiderhandlung unter Ausschluss der Einrede des Fortsetzungszusammenhangs zu unterlassen, im Rahmen seines Internetauftritts oder eines anderen ihm zuzuordnenden Marktauftretens ein den allgemeinen Informationspflichten des § 5 TMG zuwiderlaufendes Impressum zu verwenden.

2. Der Verletzer verpflichtet sich, die Kosten der Inanspruchnahme des Rechtsanwaltes Thomas , Kanzlei Postfach , nach Maßgabe einer 1,0 Gebühr aus einem Gegenstandswert in Höhe von 10.000 € gem. Nr. 2300 VV RVG, §§ 13, 14 RVG zuzüglich Auslagen zu erstatten. (St.Nr.)

______________, den ________

(Ort)

____

(rechtsverbindliche Unterschrift)

Hamburg, den 06.01.2006
Az: 13/06A12 AS/ul D19/19060

Unerlaubte Nutzung von Kartenrechten im Internet
"http://www. .de/mediac/400_0/media/Stadtplan.jpg"
Unterlassung, Schadensersatz und Auskunft
Unser Mandant:

Sehr geehrte

in der oben genannten Angelegenheit dürfen wir die Vertretung von Michael W , anzeigen. Sie erhalten in der Anlage eine von unserem Mandanten auf uns ausgestellte Vollmacht.

1. Unser Mandant ist Inhaber sämtlicher Nutzungsrechte an der Kartografie, die bis August 2003 von der hot-maps GmbH, vormals ansässig Schumannstraße 107, 40237 Düsseldorf, im Internet angeboten worden war.
Die Kartografie basierte auf den Daten sowie dem Zeichenschlüssel, die ursprünglich von der hot.doc Media Productions GmbH (hot.doc GmbH) geschaffen worden waren. Die hot-maps GmbH hatte die Rechte wiederum nach der Insolvenz der hot.doc GmbH (AG Düsseldorf 501 IN 184/01) über deren Insolvenzverwalter unter dem Vorbehalt des Rückfalles bei Insolvenz erworben.
Im August 2003 musste auch die hot-maps GmbH Insolvenz anmelden (AG Düsseldorf 145 IN 657/03), weshalb die Rechte an den Insolvenzverwalter der hot.doc GmbH zurück fielen. Durch Vertrag vom 17. November 2003 erwarb unser Mandant vom Insolvenzverwalter der hot.doc GmbH sämtliche Nutzungsrechte an der Kartografie. Er bzw. die von ihm gegründete hot-maps Medien GmbH ist auch Betreiber der Webseite "www.hot-maps.de". Die Kartografie ist nach wie vor unter dieser Domain im Internet online.

1

11 Literaturhinweise

Gesetz gegen den unlauteren Wettbewerb
Harte-Bavendamm / Henning-Bodewig, 2. Auflage, C.H.Beck

Wettbewerbsrecht
Köhler/Bornkamm, C.H.Beck, 28. Auflage

Handbuch des Wettbewerbsrechts
Gloy/Lohschelder, C.H.Beck, 4. Auflage

Wettbewerbsrechtliche Ansprüche
Teplitzky, C. Heymanns, 9. Auflage

Der Wettbewerbsprozess
Ahrens, Heymanns, 5. Auflage

UWG Gesetz gegen den unlautauteren Wettbewerb
Piper/Ohly/Sosnitza, C.H.Beck , 5. Auflage

Preisangabenrecht
Völker, C.H.Beck, 2. Auflage

Handbuch des Wettbewerbsprozesse
Melullis, Dr. O. Schmidt, 2. Auflage

Wettbewerbsrecht & Werbung (Wettbewerbsberater)
Schräder/Hohl, Haufe

Markenrecht
Berlit, C.H.Beck, 8. Auflage

Die einstweilige Verfügung in Wettbewerbssachen
Berneke, C.H.Beck, 2. Auflage,

Der „kleine" Wettbewerbsprozess
Steinmetz, Beck

Richtig werben
Reppelmund, DIHK

Werbung und Wettbewerbsrecht
Kaestner/Tews, Wettbewerbszentrale

Wettbewerbsrechtliche Fragen der Immobilienwirtschaft
Koch, IVD

Der Autor

Rudolf Koch

Jahrgang 1949, Immobilienmakler, Mitglied der Mietspiegelkommission der Stadt Gelsenkirchen, ehrenamtlicher Rechtsreferent, Seminarleiter bei IHK und Verbänden, Dozententätigkeit bei verschiedenen Bildungsträgern im Immobilienbereich mit den Themen: Immobilienwerbung und Wettbewerbsrecht, Existenzgründung Immobilienmakler, Maklerrecht, Autor verschiedener Titel zum Thema Wettbewerbsrecht für Immobilienfirmen, Mitglied im Regionalausschuss Gelsenkirchen der IHK Nord Westfalen, Mitglied im Gutachterausschuss der Stadt Gelsenkirchen, ehrenamtlicher Vizepräsident des Immobilienverband Deutschland IVD Bundesverband der Immobilienberater, Makler, Verwalter und Sachverständigen e.V.

E-Mail: koch-ivd@t-online.de

Der Grabener Verlag

25 Jahre

... beschäftigt sich seit 1984 ausschließlich mit Themen rund um die Immobilienwirtschaft. Gewachsene Verbindungen zu Organisationen, Verbänden, Fortbildungseinrichtungen und Betrieben in der Immobilienwirtschaft sorgen für die nötige Praxisnähe.
Der Grabener Verlag produziert Fachpublikationen, Bücher, E-Mail-Letter, Onlineprodukte und bietet Leistungen im Bereich der Pressearbeit an – wesentlicher Schwerpunkt des Verlages ist die Produktion von Haus- und Kundenzeitungen – Print und Online.

Immobilien-Fachwissen von A-Z

Das Lexikon mit umfassenden Antworten auf Fragen aus der Immobilienwirtschaft – mit mehr als 4.000 Stichwörter mit Erklärung.

Autoren: Sailer, Grabener | 9. Auflage 2010
ca. 1.100 Seiten | 15,5 x 22 cm | Hardcover

ISBN 978-3-925573-439
Der Preis lag bei Veröffentlichung dieses Buches noch nicht fest. Auslieferung ab November 2010.

Immobilien-Fachwissen im Test: 500 Fragen 500 Antworten

Eine unentbehrliche Hilfestellung für die Ausbildung und Prüfung zum/zur Immobilienkaufmann/-frau, für das Selbststudium erfahrener Makler und als Seminargrundlage im Unternehmen.

Autor: Erwin Sailer | 1. Auflage 2010 |
ca. 292 Seiten | 17 x 27 cm | Broschur

ISBN 978-3-925573-385 | Preis: 32,50 Euro [D]

Marketing-Konzepte für den Hausverwalter

Vorgaben | Ideen | Strategien.

Autoren: Steffen Haase, Carmen Fröhlich | 1. Auflage 2010
ca. 196 Seiten | 15,5 x 22 cm | Broschur

ISBN 978-3-925573-385 | Preis: 32,50 Euro [D]

Die Eigentümerversammlung – wo, wann und wie

Praktischer Ratgeber für Wohnungseigentümer, Beiräte und Verwalter zur erfolgreichen Durchführung von Eigentümerversammlungen mit Erklärungen, Tipps, Mustern und rechtlichen Darstellungen.

Autor: Volker Bielefeld | 1. Auflage 11-2009
ca. 104 Seiten | 15 x 21 cm | Broschur

ISBN 978-3-925573-408 | Preis: 19,80 Euro [D]

Der Verwaltungsbeirat in der Praxis

Ein Ratgeber für Wohnungseigentümer, Verwaltungsbeiräte und Verwalter: Aufgaben, Funktion, Haftung, Pflichten und Rechte des Verwaltungsbeirates im Überblick.

Autor: Steffen Haase | 4. Auflage 2009
ca. 152 Seiten | 15,5 x 22 cm | Broschur

ISBN: 978-3-925573-378 | Preis: 24,20 Euro [D]

Hausordnung für Wohnungseigentümer

Praktischer Ratgeber mit Darstellung der rechtlichen Vorgaben und individueller Möglichkeiten, Formulierungsbeispielen und Muster-Hausordnung für Wohnungseigentümer, Verwalter und Juristen.

Autor: Volker Bielefeld | 1. Auflage 5-2009
84 Seiten | 15 x 21 cm Broschur

ISBN 978-3-925573-361 | Preis: 16,50 Euro [D]

Preis für Bücher inkl. 7 % MwSt. Für alle Bücher gilt: 2 Euro Versandkosten – ab 50 Euro Bestellwert entfallen die Versandkosten. Ausführliche Informationen, Buchbesprechungen und Bestellmöglichkeiten zu den einzelnen Büchern finden Sie unter:

www.grabener-verlag.de